KB210238

변신

부클래식
031

변신

프란츠 카프카

진일상 옮김

뿌북스

1

어느 날 아침 불안한 꿈에서 깨었을 때, 그레고르 잠자는 자신이 침대에서 무시무시한 해충으로 변해 있는 것을 발견했다. 그는 철갑처럼 단단한 등을 대고 누워 있었고, 머리를 조금 들어보니 아치 모양의 단단한 각질로 칸이 나뉜 불룩한 갈색 배와 그 위로 거의 미끄러져 떨어질 듯이 가까스로 걸려 있는 이불이 보였다. 몸뚱이에 비해 비참할 정도로 가는 수많은 다리가 어찌할 바를 모르고 자신의 눈앞에서 버둥거리고 있었다.

'내게 무슨 일이 일어난 걸까?' 그는 생각해보았다. 그것은 꿈이 아니었다. 자신의 방, 방 치고는 조금 작지만, 제대로 된 방이 평온하게 네 개의 낯익은 벽 사이에 자리 잡고 있었다. 탁자에는 직물 견본이 널려 있었다. 그러니까 잠자는 출장영업사원이었다. 탁자 위에는 얼마 전 화보 잡지에서 잘라내어 예쁘게 금색 액자를 한 그림이 걸려 있었다. 그림에는 모피 모자와 모피

목도리를 한 여자가 똑바로 앉아서 팔꿈치까지 양 팔을 넣은 검은색의 두툼한 털토시를 보는 이를 향해 들고 있었다.

그레고르의 시선은 곧 창을 향했다. 흐린 날씨는 그를 침울하게 만들었다. 양철창문을 두드리는 빗소리가 들렸다. '잠을 좀 더 자서, 이 어처구니없는 일들을 잊는 게 어떨까'라고 그는 생각했다. 그러나 그것은 할 수 없었다. 그는 오른쪽으로 누워 자는 습관이 있었는데, 지금 상황으로는 그런 자세를 취할 수 없었기 때문이었다. 힘을 주어 오른쪽으로 몸을 돌려보았지만, 매번 등을 댄 자세로 되돌아오고 말았다. 아마 수백 번은 해보았을 것이다. 그는 버둥거리는 다리를 보지 않으려고 두 눈을 감았고, 옆구리에서 지금껏 느껴보지 못했던 가벼운 그러나 알 수 없는 통증을 느끼고 비로소 그 일을 그만두었다.

"아, 맙소사" 그는 생각했다. "난 정말 힘든 직업을 택했구나. 허구 헌 날 출장여행에. 업무 상 스트레스는 사무실에서 실제 하는 일보다 더 한데다 여행으로 인한 괴로움까지. 열차 연결 편 걱정에, 불규칙하고 형편없는 식사에, 항상 변하고, 오래 지속되지도, 절대로 따뜻해지지 않는 인간관계. 몽땅 다 지옥에나 가버려!" 그는 배 위쪽에 약간 가려운 게 느껴졌다. 등을 대고 몸뚱이를 천천히 침대 기둥 가까이로 밀어서 머리를 조금 더 쉽게 들 수 있었다. 그리고 가려운 부분을 볼 수 있었다. 그곳은 수많은 작은 점들이 하얗게 뒤덮고 있었는데, 그게 무엇인지는 알 수 없었다. 그리고 다리 하나로 그 자리를 건드려보았지만, 곧 움츠리고 말았는데, 발이 닿자마자 소름이 오싹 끼쳐왔기 때문이다.

그는 다시 원래 자세로 돌아왔다. '일찍 일어나는 건 사람을 멍청이로 만든다니까. 사람은 필요한 만큼 수면을 취해야 해. 다른 영업사원들은 마치 하렘의 여인들처럼 사는데. 내가 주문받은 것을 정리하려고 오전 중에 숙소로 돌아가면, 다른 영업사원들은 그제야 아침 식사를 하고 있어. 내가 그렇게 했다간, 그 자리에서 사장에게 쫓겨날걸. 하기야 그게 나한테 나쁘기만 할지 누가 알아. 내가 부모님 때문에 참지만 않았더라면, 예전에 이미 오래전에 그만두었을 테고, 사장 앞에서 내 마음속 깊은 생각을 말했을 텐데. 아마도 사장은 책상에서 쓰러질 테지! 책상에 걸터앉아 아래를 내려다보며 직원에게 말하는 기이한 태도라니. 게다가 잘 들리지 않는 사장 때문에 직원은 바싹 다가서야 하니 말이야. 자, 완전히 그 희망을 포기한 것은 아니야. 아직 5, 6년은 걸리겠지만 부모님이 그에게 진 빚을 갚기 위해 돈을 모으기만 한다면 꼭 그렇게 할 거야. 그러면 커다란 획을 긋게 되는 거야. 우선은 일어나야만 해. 내 기차는 5시에 떠나니까.'

그는 서랍장 위에서 째깍거리는 시계를 건너다보았다. '하느님 맙소사!' 그는 생각했다. 벌써 여섯시 반이었고, 시계 바늘은 조용히 앞으로 나아가고 있었다. 아니 삼십 분을 넘어서서 45분에 다가가고 있었다. 알람이 울리지 않은 걸까? 침대에서도 알람이 4시에 제대로 맞추어져 있는 것이 보였고, 알람이 울렸음이 분명했다. 그런데 가구를 뒤흔드는 자명종 소리에도 그냥 잠을 자는 게 가능할까? 물론, 평온하게 잠을 자지는 못했다. 그렇지만 그런 만큼 깊이 잠들었다. 이제 무슨 일을 해야 하지? 다음 기차는 일곱 시에 떠난다. 그 기차를 타려면 미친 듯이 서둘러야 할 것이다. 샘플도 아직 가방에 싸지 않았는데, 그리고 그다지 몸이 개운하지도 않았고, 움직일 수 있을 것 같지도 않았다. 그리고 그 기차를 가까스로 탄다 하더라도 사장의 불벼락은 피할 수 없다. 왜냐하면 사환이 다섯 시 기차를 기다리고 있다가 내가 그 기차를 놓쳤다는 소식을 벌써 전했을 것이기 때문이다. 사환은 사장의 피조물로 줏대도 없고 이해심도 없다. 병가를 내면 어떻게 될까? 그건 꽤나 곤란하고 의심스러울 것이다. 그레고르는 5년 동안 근무하면서 단 한 번도 아팠던 적이 없었기 때문이다. 분명 사장은 의료보험 소속 의사와 함께 와서는 게으른 아들 때문에 부모님에게 비난을 해댈 테고, 모든 항변은 의사의 말을 근거로 잘라버릴 것이다. 사장에게는 몸은 건강하지만, 일하기 싫어하는 사람들만 있을 뿐이다. 그런데 이 경우에 사장의 말이 정말 틀렸을까? 그레고르는 실제로, 오랜 수면 뒤에 정말 불필요한 노곤함만 빼고는 몸이 가뿐한 느낌이었고, 심지어는 강한 허기마저 느껴졌다.

이 모든 것을 재빨리 생각하면서도, 침대를 떠날 결심을 하지 못하고 있었고, 시계는 막 여섯 시 사십오 분을 가리켰다. 그때 침대 머리맡의 문을 조심스레 두드리는 소리가 들렸다. "그레고르", 어머니였다. "여섯 시 사십오 분이다. 나가봐야 하는 거 아니니?" 조용한 목소리이다! 그레고르는 대답을 하는 자신의 목소리에 소스라치게 놀랐다. 이전의 목소리는 간 데 없고, 아래로부터, 억누를 수 없는 고통스러운 삐 소리가 섞여들어 처음에 분명하던 말이 곧 그 울림이 깨지더니 무슨 말을 하는지 제대로 알 수 없을 정도였다. 그레고르는 자세히 대답을 하고 설명을 할 생각이었다. 그렇지만 이런 상황에서는 다음과 같이 말하는 것으로 그쳤다. "네, 네, 고마워요 어머니, 지금 일어나요." 나무 문 때문에 밖에서는 그레고르의 목소리가 변한 것은 아마 눈치 채지 못한 듯했다. 어머니가 이 말에 안도하고 가버렸기 때문이다. 그러나 이 짧은 대화로 그레고르가 예상과 달리 아직 집에 있다는 사실을 다른 가족들이 알게 되었다. 그리고 벌써 아버지가 약하게, 주먹으로 옆문을 두드렸다. "그레고르, 그레고르" 아버지가 불렀다. "무슨 일이냐?" 그리고 잠시 후 그는 다시 한 번

저음으로 "그레고르! 그레고르!"라고 경고를 했다. 다른 쪽 옆문에서는 여동생이 나지막이 탄식했다. "그레고르? 몸이 안 좋아? 필요한 거라도 있어?" 그레고르는 양쪽을 향해 조심스레 발음에 신경을 쓰며 말 한마디, 한마디 사이에 길게 여유를 두고 자신의 목소리가 눈에 띄지 않도록 애를 쓰면서 대답했다. "준비다 했어." 아버지는 아침 식사를 하러 돌아갔지만, 여동생은 조용히 속삭였다. "그레고르 오빠, 문 좀 열어봐, 부탁이야." 그러나 그레고르는 문을 열 생각이 조금도 없었고, 출장여행으로 인해 생긴 조심성, 즉 집에서도 밤에 모든 문을 잠그는 자신의 조심성이 뿌듯했다.

먼저 그는 방해받지 않고 조용히 잠자리에서 일어나 옷을 입고 우선 아침 식사를 하고, 그러고 나서 다른 것들을 생각해보려 했다. 왜냐하면 침대에 누워서는 곰곰이 생각해보아도 어떠한 현명한 결론에 이르지 못할 것을 잘 알았기 때문이다. 그는 아마도 잘못 누워 잔 탓인지 이미 여러 차례 침대에서 가벼운 통증을 느꼈다는 것과, 일어날 때는 그것이 순전히 자신의 상상이었다는 것이 기억났고, 오늘 자신의 상상이 어떻게 점차 사라질지 궁금했다. 목소리의 변화는 다름 아닌 영업사원의 직업병, 심한 감기를 알리는 징후임을 조금도 의심하지 않았다.

이불을 차버리는 것은 간단했다. 조금 배를 부풀렸을 뿐인

데, 이불이 저절로 흘러 내렸다. 그러나 그 다음은 힘들었다. 특히 그는 엄청나게 넓었기 때문이었다. 몸을 일으키기 위해서는 팔과 손을 써야했을 것이다. 그런데 그것 대신 그에게는 수많은 작은 발들이 있었고, 이 발들은 끊임없이 다양한 동작을 하는 데다, 통제를 할 수도 없었다. 발 하나를 구부리려 하자, 첫 번째 발이 앞으로 나갔다. 그리고 마침내 이 발로 자신이 원하는 것을 할 수 있게 되자, 그동안 다른 모든 발들은 마치 풀려난 듯, 심히 고통스럽게 흥분해서 움직이고 있었다. "아무런 소용없이 침대에 누워있지만 말자." 그레고르가 되뇌었다. 처음에는 하반신을 사용하여 침대에서 나오려고 했지만, 그 부분은 움직이기가 너무나 힘들었다. 아무튼 자신도 그 부분은 아직 보지 못했고 제대로 상상을 해볼 수도 없었다. 모든 게 너무나 느리게 진행되었고, 마침내 거의 화가 나서 온 힘을 모아 아무 생각 없이 앞으로 몸을 밀었을 때, 방향을 잘못 잡아 침대 기둥 아랫부분에 심하게 부딪혀 타는 듯한 고통을 느꼈다. 그래서 그는 몸 중에서 아랫부분이 지금 가장 민감한 부분임을 알게 되었다.

그래서 그는 우선 상체를 침대 밖으로 끌어내리려고 조심스럽게 머리를 침대 가장자리로 돌렸다. 이것은 쉽게 성공했고, 그 넓이나 무게에도 불구하고 결국 몸 전체가 천천히 머리가 도는 방향을 따라 움직였다. 마침내 머리가 침대 밖 허공에 뜨게 되자, 이런 방법으로 계속 앞으로 나가는 것에 두려움을 갖게 되었다. 만약 이렇게 해서 몸이 바닥으로 떨어지게 되면, 머리를 다치지 않으려면 순전히 기적이 일어나야만 할 것이다. 그리고 지금은 무슨 일이 있어도 정신을 잃어서는 안 된다. 차라리 침대에 그대로 있어야겠다.

그는 다시 끙끙거리면서 애를 쓴 끝에 아까처럼 누웠고, 또다시 수많은 발들이 더 심하게 서로 싸우고 있는 것을 보게 되었다. 그는 이런 무질서 상태를 진정시키고 질서를 되찾을 방법이 없다는 것을 발견하고는 침대에 이대로 있을 수는 없으며, 침대를 벗어날 수 있는 가능성이 희박하더라도 모든 것을 해보는 것이 현명하다고 혼잣말을 했다. 그러면서 절망적인 결정을 하기보다는 가만히, 최대한 가만히 생각해보는 것이 더 낫다는 것을 간간이 상기하는 것도 잊지 않았다. 그때 그의 두 눈은 가능한 한 예리하게 창문을 향했지만, 좁은 도로 건너편까지 뒤덮어버린 아침 안개로부터 그다지 확신이나 기운을 얻을 수 없었다. '벌써 일곱 시네.' 다시 자명종이 울릴 때 그는 말했다. '벌써 일곱 시인데 아직도 저렇게 안개가 끼어있다니.' 그리고 잠시 가만히 누워서 가느다란 숨을 쉬고 있었다. 완전히 조용해지면 당연한 현실로 돌아오기라도 할 것처럼.

그리고는 말했다. '일곱 시 사십오 분을 알리기 전에, 나는 무조건 침대에서 나와야 해. 그렇지 않으면, 회사에서 누군가 와서는 나에 대해 물어보겠지. 사무실은 일곱 시 전에 열 테니까.' 그는 몸 전체를 세로로 골고루 흔들어 대면서 침대를 벗어나는 일을 시작했다. 이렇게 해서 침대에서 떨어지면 머리는 곧추 세우면 될 것이고, 그러면 아마 머리를 다치는 일은 없을 것이다. 등은 딱딱해 보였다. 떨어지더라도 카펫 위라 등은 아무런 문제가 없을 것이다. 가장 신경이 쓰이는 것은 그가 만들어낼 큰 소리, 그래서 문 뒤에 있는 모든 이들을 놀라게 하거나 걱정을 끼치게 하는 것이다. 그렇지만 그런 것은 감수해야만 했다.

새로운 방법은 힘들다기보다는 일종의 놀이였는데, 그는 등을 대고 계속 온몸을 흔들어주기만 하면 되었다. 이미 반쯤 침대 밖으로 몸을 일으켰을 때, 그레고르는 누군가 자신을 도와준다면 모든 게 얼마나 간단할까, 하는 생각이 들었다. 그는 힘센 두 명, 아버지와 하녀를 떠올렸다. 이 두 사람이면 충분할 것이다. 그들은 둥글게 굽은 그의 등 아래로 두 팔을 밀어 넣어 그대로 침대에서 끌어내 짐을 들고 몸을 굽혀 바닥에서 제발 발들이 제 할일을 해서, 몸을 흔드는 것을 그만둘 때까지만 참을성 있게 기다려주기만 하면 된다. 이제 잠긴 문들에 개의치 않고, 정말 도움을 청해야 되는 걸까? 이 모든 어려움에도 이런 생각으로 그는 웃음을 누를 수가 없었다.

조금 더 세게 몸을 흔들면 거의 균형을 잃을 지경이었고, 이제는 정말 결정을 해야만 했다. 5분만 있으면 여덟 시이기 때문이다. 그때 현관문의 벨이 울렸다. '회사에서 누가 온 모양이군.' 그는 혼잣말을 하고 몸이 거의 굳어버렸다. 반면 그의 발들은 더욱더 바쁘게 춤을 추고 있었다. 한순간 모든 것이 조용해졌다. '문을 열어주지 않나보다.' 터무니없는 희망에 사로잡혀서 그레고르가 중얼거렸다. 그러나 항상 그렇듯 당연하게 하녀가 단호한 걸음걸이로 현관으로 가서 문을 열었다. 그레고르는 방문객의 첫마디 인사말에서 이미 누군지 알 수 있었다. 바로 지배인이었다. 그레고르는 왜 자그마한 실수도 엄청난 의심을 받는 그런 회사에서 일을 하는 죄를 받았단 말인가? 모든 직원은 무조건 놈팽이라는 말인가? 직원들 중에는 비록 아침 몇 시간을 업무에 쓰진 않았지만, 양심의 가책으로 바보가 되어 침대를 떠나지도 못하는 충직하고 헌신적인 사람은 없단 말인가? 견습생을 보내 물어보는 것만으로는 정말 충분하지 않다는 건가? 대체 묻는 게 필요하다 하더라도, 저렇게 지배인이 직접 와서는 죄도 없는 가족들에게 현명한 지배인만이 이 의심스런 일을 조사할 수 있다는 걸 보여주어야만 하는 것인가? 올바른 결정의 결과라기보다는 이런 생각을 하면서 흥분한 나머지, 그레고르는 온 힘을 다해 몸을 흔들어 침대를 벗어났다. 큰 소리가 났지만 요란하지는 않았다. 카펫이 떨어지는 충격을 약화시켰고, 그레고르가 생각한 것보다는 등에 탄력이 있어서 둔탁한 울림은 크게 주의를 끌지 않았다. 단지 충분히 주의를 기울이지 않아서 머리를 부딪치고 말았다. 그는 아픈 데다 화가 나서 머리를 돌려 카펫에 비벼댔다.

"저 안에 뭔가 떨어졌나봅니다." 지배인이 왼쪽 옆방에서 말했다. 그레고르는 오늘 자신에게 일어난 것과 같은 일이 지배인에게도 일어날 수 있지 않을까 상상해보았다. 하여간 그럴 가능성은 인정할 수 있을 것이다. 그렇지만 이런 질문에 대충 대답이라도 하려는 듯이 옆방의 대리인은 단호하게 몇 걸음을 걸으며 에나멜 부츠에서 소리를 냈다. 오른쪽 옆방에서는 여동생이 오빠에게 설명을 하려고 속삭였다. "그레고르, 지배인님이 오셨어." "나도 알아." 여동생이 들릴 정도로 그레고르가 중얼거렸다. 그러나 감히 목소리를 더 크게 내지는 못했다.

"그레고르" 이제는 왼쪽 옆방의 아버지가 말했다. "지배인님이 오셔서, 네가 새벽 기차로 출발하지 않은 이유를 물으시는구나. 우리는 뭐라고 말씀드려야 할지 모르겠다. 그리고 너와 직접 이야기를 하고 싶어 하신다. 그러니 문을 열어보아라. 방 안이 지저분한 것 정도는 이해하실게다." "안녕하시오, 잠자 씨." 그 사이로 지배인이 다정하게 말을 했다. "몸이 좋지 않은가 봐요." 어머니가 대리인에게 말을 했다. 여전히 문가에서 아버지는 말을 했다. "저 애가 아픈가봅니다. 믿어주십시오, 지배인님. 아니면 어떻게 그레고르가 기차를 놓치겠습니까! 이 아이의 머릿속에는 일 외에는 아무것도 없답니다. 저녁에도 도통 외출을 하지 않는 게 저는 화가 날 지경입니다. 이번에는 시내에 머문 지 일주일이나 되었지만, 매일 저녁 집에만 있었답니다. 그레고르는 우리와 탁자에 앉아서 조용히 신문을 읽거나 열차 시간표를 들여다 본답니다. 실톱으로 작업에 몰두하는 건 저 아이의 기분전환 거리죠. 예를 들자면, 이틀이나 사흘 저녁에 작은 액자 하나를 만든답니다. 얼마나 잘 만들었는지 보면 놀라실 겁니다. 저 방 안에 걸려 있어요. 그레고르가 문을 열면 곧 보시게 될 겁니다. 여하간 지배인님께서 이렇게 오셔서 전 좋습니다. 우리는 그레고르가 문을 열게 할 수 없거든요. 그 아이는 너무나 고집이 세답니다. 그리고 분명 몸이 좋지 않을 겁니다. 아침에 그렇지 않다고 말을 하긴 했지만요." "금방 나갑니다." 그레고르는 천천히 조심성 있게 말을 했지만, 한마디도 놓치지 않으려고 꼼짝하지 않았다. "부인, 달리 생각을 할 수 없군요." 지배인이 말했다. "별 심각한 일이 아니길 바랍니다. 그럼에도 말씀을 드리자면, 불행인지 다행인지, 우리처럼 사업을 하는 사람들은 몸이 조금 안 좋은 것쯤은 업무를 고려해서 흔히 그냥 넘어가야 한답니다." "지배인님이 방으로 들어가도 되겠니?"라고 조바심이 난 아버지가 물었고 다시 방문을 두들겼다. "안 됩니다." 그레고르가 대답했다. 왼쪽 방에서는 당혹스러운 정적이 흘렀고 오른쪽 옆방에서는 여동생이 훌쩍이기 시작했다.

여동생은 왜 다른 사람들에게 가지 않은 걸까? 동생은 이제 막 일어났을 테고 옷을 갈아입지 않았을 것이다. 그런데 대체 왜 우는 거지? 내가 일어나지 않고, 지배인을 방으로 들이지 않아서, 내가 일자리를 잃을 위험에 처해있고, 그러면 사장이 오래된 요구사항으로 부모님을 다시 못살게 굴까 봐서? 그건 우선은 불필요한 걱정이다. 아직 그레고르는 여기에 있고 조금도 가족들을 떠날 생각을 하지 않고 있다. 지금은 카펫 위에 누워 있지만, 내 상황을 안다면 누구도 지배인을 방으로 들이라고 자신에게 요구하지는 못할 것이다. 그러나 이 사소한 무례함 때문에 그레고르가 당장 해고될 수는 없는 것이다. 그것은 나중에 적당한 핑계를 찾아낼 수 있을 터였다. 그레고르는 눈물과 설득으로 자신을 방해하느니, 지금 자신을 가만히 놔두는 것이 훨씬 더 현명하다고 여겨졌다. 그러나 다른 사람들을 불안하게 만들고 그들의 행동이 이해가 가도록 만드는 것은 바로 그 불확실함이었다.

"잠자 씨" 이제 지배인은 목소를 높이며 말을 했다. "대체 무슨 일입니까? 지금 방 안에 들어앉아서 네, 아니오, 로만 대답을 하면서, 부모님께 불필요한 무거운 걱정을 끼쳐 드리고, 이건 곁들여 하는 말인데, 듣도 보도 못한 방식으로 당신의 직무를 저버리고 있군요. 여기 당신 부모님과 사장님의 이름으로 당장 분명한 설명을 해 주기를 진지하게 요구합니다. 난 정말 놀라고 있습니다. 나는 당신이 조용하고 이성적인 사람이라 생각했는데, 당신은 갑자기 이상한 변덕을 부리기 시작하는군요. 하긴 아침에 사장님이 당신의 직무태만을 설명할 수 있는 것에 대한 언질을 주긴 했지만 말입니다. 그것은 얼마 전 당신에게 맡긴 수금과 관련된 것이에요. 그렇지만 난 그런 설명은 맞지 않을 거라고 맹세할 뻔했지요. 그런데 지금 당신의 이해할 수 없는 고집을 보니, 당신을 조금이라도 변호할 기분이 싹 사라집니다. 그리고 당신의 자리도 그렇게 안전하지 않아요. 원래는 이 모든 것들을 둘만 있을 때 말할 생각이었는데, 당신이 이곳에서 내 시간을 허비하게 하니, 당신 부모님들도 그것을 듣지 않을 이유가 없을 것 같군요. 최근 당신의 업무성과는 매우 불만족스러워요. 물론 특별히 영업을 할 만한 계절은 아니긴 하지만, 그건 인정합니다. 그렇지만 영업을 하지 못할 계절도 없어요. 잠자 씨, 그런 건 있어서도 안 됩니다." "그렇지만, 지배인님", 그레고르는 이성을 잃고 소리쳤고 흥분해서 다른 모든 것들은 잊어버렸다. "곧, 지금 문을 열겠습니다. 약간 몸이 좋지 않고, 어지럼증 때문에 일어날 수가 없었어요. 아직도 전 침대에 누워 있습니다. 그렇지만 지금 다시 몸이 좋아졌어요. 지금 침대에서 나갑니다. 조금만 기다리세요! 제 생각만큼 잘 되지 않는군요. 그렇지만 벌써 몸이 좋아졌어요. 어떻게 이런 일이 한 사람에게 일어날 수 있을까요! 어제만 해도 괜찮았는데, 그건 부모님들이 압니다. 아니 저녁만 해도 어느 정도 조짐이 있었어요. 사람들이 제가 그런 걸 보았어야 했는데. 사무실에 왜 알리지 않았을까! 그렇지만 다들 집에서 쉬지 않고도 병을 이겨낼 수 있다고 생각하지요! 지배인님! 제 부모님은 그냥 두세요. 지금 제게 하신 모든 비난은 근거가 없습니다. 다른 사람들은 그에 관해 아무런 말도 하지 않았어요. 아마도 당신은 제가 보낸 최근 보고서를 읽지 않으셨나 봅니다. 게다가 여덟 시 기차로 출장을 떠날 겁니다. 몇 시간 쉬었더니 힘이 나는군요. 더 이상 지체하지 마세요, 지배인님. 제가 직접 사무실로 가겠습니다. 그러니 선처를 하셔서 그렇게 전해 주시고 사장님께 잘 말씀드려 주십시오."

　무슨 말을 하는지도 모른 채 이 말을 성급하게 내뱉으면서 그레고르는 침대에서 이미 연습한 결과 때문인지 쉽게 서랍장으로 다가가서 거기에 기대어 몸을 세울 수 있었다. 그는 정말 문을 열려고 했고, 모습을 드러내고 지배인과 이야기를 하려고 했다. 그는 지금 자신을 원하는 다른 사람들이 자신을 보고 무슨 말을 할지 무척이나 알고 싶었다. 그들이 놀란다면 그레고르에게는 더 이상 책임이 없으며, 안심할 수 있다. 그들이 모든 것을 조용히 받아들인다면, 그도 흥분할 이유가 없으며, 서두르면 여덟 시에는 기차역에 도착할 수 있다. 처음에 그는 몇 번이나 매끈한 서랍장에서 미끄러졌지만, 마침내 마지막으로 몸을 젖혀서 꼿꼿이 서게 되었다. 하체 부분의 타는 듯한 통증은 더 이상 신경 쓰이지 않았다. 이제 가까이에 있는 의자 등받이를 향해 몸을 던졌고 의자의 가장자리를 작은 발로 붙잡았다. 그렇게 하면서 자신의 몸을 통제할 수 있게 되었고 숨을 죽였다. 그때 지배인의 말소리가 들려왔기 때문이다.

"한마디라도 이해하셨나요?"라고 지배인이 부모에게 물었다. "저 사람이 우리를 바보로 만드는 거 아닙니까?" "설마요."라고 울면서 어머니가 말했다. "정말 아픈가 봅니다. 우리는 저 아이를 괴롭히고 있고요. 그레테! 그레테!" 어머니는 소리쳤다. "어머니?" 다른 쪽에서 여동생이 큰소리로 말했다. 그들은 그레고르의 방을 통해서 의사소통을 하고 있었다. "지금 당장 의사 선생님께 가봐야겠다. 그레고르가 아파. 어서 의사를. 지금 그레고르가 하는 말 들었니?" 어머니가 소리치는 것과는 달리 "그건 짐승의 소리였어요."라고 지배인이 눈에 띄게 소리를 낮추며 말했다. "아니, 아니!" 아버지가 현관방을 통해 부엌 쪽으로 손뼉을 치면서 소리쳤다. "어서 열쇠장이를 데려와!" 그리고 곧 두 명의 여자가 치마를 사그락 거리면서 거실을 통해 달려갔다. 아니 여동생이 어떻게 그렇게 빨리 옷을 입었지? 그리고 곧 현관문이 확 열렸다. 현관문이 쾅하고 다시 닫히는 소리는 들리지 않았다. 그들은 아마 큰 불행이 일어난 집에서 그러듯이 현관문을 열어두었을 것이다.

그러나 그레고르는 훨씬 더 평온해졌다. 그러니까 사람들은 이제 그의 말을 이해하지 못하는 것이다. 그레고르에게는 귀에 익숙해진 탓인지 충분히, 아까보다는 더 분명하게 다가왔음에도 불구하고. 하여간 사람들은 그레고르에게 무슨 일이 생겼다고 믿고 있고, 그를 도울 준비를 하고 있는 것이다. 먼저 취한 조치를 통해 보여준 신뢰와 확실성은 그를 안심시켰다. 그는 다시 인간 사회로 들어온 듯한 느낌을 받았고, 의사건 열쇠장이건 구분 없이 두 사람이 대단하고 놀라운 일을 해내기를 기대했다. 그는 다가오는 결정적인 대화에서 가능하면 분명한 목소리를 내기 위해 소리를 죽이려고 애를 쓰면서 기침을 조금 했다. 아마도 이런 소리도 사람의 기침소리와는 다르게 들릴 것이기 때문이었다. 이것을 자신이 판단할 수 있을지도 더 이상 알 수 없었다. 그 새 옆방은 완전히 조용해졌다. 아마도 부모님과 지배인은 함께 탁자에 둘러앉아서 속삭이거나, 다들 문에 기대서서 귀를 세우고 있을 것이다.

그레고르는 문 쪽으로 천천히 의자를 밀고 가서 그곳에 의자를 놓고 문을 향해 몸을 던져, 거기에 기대어 똑바로 섰다. 둥근 발의 끝부분에는 약간 끈적거리는 물질이 있었다. 그는 그렇게 힘든 일로부터 잠시 휴식을 취했다. 그리고 입으로 열쇠구멍의 열쇠를 돌리는 일을 시작했다. 애석하게도 이빨은 하나도 없는 듯했다. 그러니 무엇으로 열쇠를 물 수 있었겠는가? 그러나 대신 턱이 매우 단단했고, 그 덕에 열쇠를 움직일 수 있었다. 그러면서 어딘가를 다쳤는지, 입에서 갈색 액체가 흘러나와 열쇠를 타고 바닥으로 떨어졌지만 개의치 않았다. "들어보세요." 지배인이 옆방에서 말했다. "열쇠를 돌리고 있군요." 그것은 그레고르에게는 커다란 응원이었다. 모두들, 어머니와 아버지도 그를 향해 외쳐야 하는 것이다. '계속 해, 열쇠구멍에 꼭 붙어.'라고. 그리고 모두들 긴장하고 자신이 애쓰는 것에 주목하고 있다는 생각에 그는 온 힘을 끌어 모아 정신없이 열쇠를 입으로 물었다. 열쇠가 점점 돌아갈 때마다 그는 열쇠구멍 주위로 춤을 추고 있었다. 이제는 입으로만 지탱하고 똑바로 서 있었는데, 필요하면, 열쇠에 매달리거나 또는 온 몸의 무게로 다시 열쇠를 내리눌렀다. 마침내 찰칵하는 열쇠구멍의 맑은 소리가 그레고르의 정신을 번쩍 들게 했다. 한숨을 쉬면서 그는 자신에게 말했다. "그러니까 난 열쇠장이가 필요 없었는데." 그리고 문을 활짝 열기 위해 머리를 손잡이에 놓았다.

이런 방식으로 문을 열어야했기 때문에 문은 이미 제법 넓게 열렸고 그레고르의 모습은 아직 보이지 않았다. 우선 그는 양쪽 여닫이문의 절반을 돌아 나와야만 했다. 그것도 매우 조심스럽게, 방으로 들어가기 전에 쾅하고 뒤로 넘어지지 않으려면 말이다. 그는 아직도 그런 어려운 동작을 하고 있었고 다른 것에 신경 쓸 여유가 없었다. 그때 이미 지배인이 내뱉는 큰 소리가 들려왔다. "오!" 그것은 마치 바람이 지나가는 소리처럼 들렸다. 그리고 가장 문 가까이에 있던 지배인이 두 손으로 입을 막고 마치 보이지 않는 지속적인 어떤 힘이 그를 밀어내는 것처럼 천천히 뒤로 물러서는 것이 보였다. 지배인이 왔는데도 어머니의 머리칼은 간밤에 풀어서 뻗친 그대로였다. 어머니는 두 손을 모으고 서서 먼저 아버지를 보고는 그레고르를 향해 두어 걸음 걸어오더니 주저앉아버렸다. 어머니의 치마폭이 주위로 넓게 펼쳐졌고, 얼굴은 가슴에 파묻혀 보이지 않았다. 아버지는 마치 그레고르를 도로 방으로 몰아넣으려는 듯이 적대적인 표정으로 두 주먹을 움켜쥐었지만, 곧 불안하게 거실을 둘러보더니 두 손으로 눈을 가리고 단단한 가슴이 들썩일 정도로 울먹였다.

그레고르가 방으로 들어갈 생각을 하지 않고 안에서 단단히 잠긴 문짝에 기대어 있었기에, 반쯤 드러난 몸통과 그 위로 비스듬히 기울인 머리만이 보였다. 그는 그렇게 다른 사람들을 내다보고 있었다. 그 새 밖은 훨씬 밝아져 있었다. 길 건너편에는 이쪽을 향해 끝없이 늘어선 잿빛 집들의 일부가 뚜렷하게 보였다. 그것은 병원으로, 단단한 전면부는 창문으로 인해 규칙적으로 단절되어 있었다. 아직 비가 내리고 있었지만, 커다란 빗방울이 제 모양 그대로 하나씩 땅으로 떨어지는 정도였다. 아침 식탁에는 그릇들이 잔뜩 놓여 있었다. 아버지에게는 아침 식사가 하루 중 가장 중요한 식사였기 때문이다. 여러 개의 신문을 읽느라 아침 식사는 몇 시간이 걸리기도 했다. 그 맞은편 벽에는 군인 시절 찍은 그레고르의 사진이 걸려 있었다. 소위였던 그는 한 손은 긴 칼에 대고 느긋하게 웃고 있었는데, 자신의 자세와 제복에 경의를 취해주기를 바라는 듯했다. 현관방으로 향하는 문이 열려 있었고 대문도 열려 있어서, 집 앞의 공간과 아래로 내려가는 계단의 시작 부분도 보였다.

"이제"라고 그레고르는 말을 했고, 자신만 유일하게 평정을 지키고 있다는 것을 알고 있었다. "곧 옷을 입고, 견본을 싸서 출발하겠습니다. 절 가게 해주시렵니까? 자, 지배인님, 보시다시피, 전 고집이 세지도 않고, 일하기를 좋아합니다. 출장여행은 힘들지만, 여행 없이는 살지 못합니다. 어디로 가십니까, 지배인님? 사무실로요? 그래요? 모든 걸 그대로 보고하실 겁니까? 한순간 일을 할 수 없는 상태가 되지만, 그때가 곧 예전의 업무능력을 떠올리고 나중에, 방해가 되는 것을 제거한 후에, 더 열심히 정신을 차리고 일을 하게 되는 시점입니다. 저는 사장님께 많은 은혜를 입었습니다. 그건 지배인님도 잘 알고 계시지요. 그리고 저는 부모님과 여동생을 돌봐야 합니다. 지금 곤란한 상황에 있지만, 다시 거기에서 빠져나올 겁니다. 그러니 저를 더 이상 힘들게 하지 말아 주십시오. 사무실에서 제 편을 들어주십시오! 사람들은 영업사원을 좋아하지는 않지요. 저도 압니다. 사람들은 영업사원이 엄청난 돈을 벌고 호의호식하는 줄 알지요. 이런 선입견에 대해 곰곰이 생각해봐야만 하는 특별한 계기도 없습니다. 그렇지만 지배인님, 당신은 다른 직원들보다는 상황을 더 잘 알고 계십니다. 아니 정말 믿고 드리는 말씀이지만, 사장님보다 더 잘 알고 계시죠. 사장님은 회사를 꾸리는 사람의 특성상 판단을 내릴 때 직원에게는 불리한 쪽으로 빠지기 쉽지요. 잘 아시겠지만, 거의 일 년 내내 외부출장 중인 영업사원은 뒷말과 우연, 근거 없는 불평에 쉽게 희생 될 수 있습니다. 거기에 대해 자신을 변호하기는 정말 불가능합니다. 대부분 그런 이야기들은 모르고 있다가, 지쳐서 출장을 마치고 사무실로 돌아와서 원인을 알 수 없는 나쁜 결과를 피부로 직접 겪으면서 알게 되니까 말입니다. 지배인님, 가시면 안 됩니다. 최소한 제 말이 조금이라도 옳다고, 몇 마디라도 하고 가십시오."

그러나 지배인은 그레고르의 첫 마디 말에 이미 몸을 돌렸고, 삐죽 내민 입술과 움찔거리는 어깨 너머로 그레고르를 되돌아보기만 했다. 그레고르가 말을 하는 동안 잠시도 가만히 있지를 못하더니 그레고르에게서 눈을 떼지 않고 문을 향해 물러갔다. 그것도 조금씩, 마치 방을 떠나는 데 대한 은밀한 금지령이라도 있다는 듯이. 그는 이미 현관방에 있었고 거실에서 발을 빼는 마지막 동작은 너무나 갑작스러워서 발바닥에 막 불이 붙은 게 아닐까 생각할 정도였다. 현관방에서 그는 오른손을 계단을 향해 쭉 뻗었다. 마치 그곳에 자신을 기다리는 천상의 구원이 있다는 듯이.

그레고르는 회사에서 자신의 자리가 위험하지 않으려면 지배인을 결코 이대로 가게 해서는 안 된다는 것을 깨달았다. 부모님은 이 모든 것을 별로 이해하지 못하고 있었다. 그들은 오랫동안 그레고르가 이 일을 하면서 평생 먹고 살 것이라고 확신하고 있었고, 게다가 눈앞의 걱정으로 분주한 나머지 앞날을 내다보지 못하고 있었다. 그렇지만 그레고르는 그렇지 않았다. 대리인을 붙잡아서, 진정시키고 설득하고 마침내 마음을 얻어야 한다. 그레고르의 미래와 가족의 미래가 바로 거기에 달려 있는 것이다! 여동생이 여기에 있었더라면! 여동생은 영리하다. 그레고르가 조용히 등을 대고 누워있을 때 여동생은 이미 울먹이고 있지 않았던가. 그리고 여자를 좋아하는 지배인도 분명 여동생에게 정신이 팔렸을 것이다. 여동생이라면 대문을 닫고 현관방에서 대리인의 놀라움을 가라앉혀 주었을 것이다. 하지만 여동생은 지금 여기에 없고 그레고르가 직접 나서야 한다. 그레고르는 지금 자신의 능력으로 움직일 수 있는지, 전혀 모르고 있다는 생각도 못하고, 게다가 자신이 하는 말을 사람들이 아마도, 아니 확실하게 알아듣지 못했다는 생각도 하지 못한 채, 문가를 떠났다. 그리고 열린 문을 통해 몸을 내밀어, 이미 현관의 난간을 우스꽝스럽게 두 손으로 붙잡고 있는 대리인에게 가려고 했다. 그러나 붙잡을 것을 찾는 순간 곧 작게 소리를 지르며 넘어졌고 수많은 발로 서게 되었다. 그 일이 일어나자마자, 이날 아침 처음으로 육체적인 편안함이 느껴졌다. 작은 발들은 단단한 바닥을 아래에 두고 있었다. 발들이 완전하게 통제된다는 것이 느껴졌고, 기뻤다. 자신이 원하는 방향으로 나아가기까지 했고, 마침내 모든 고통이 곧 나아지리라 믿게 되었다. 그러나 어머니에게서 그다지 멀지 않은 곳에 서서 어머니를 향해 조심스레 몸을 흔들며 바닥에 선 순간, 완전히 정신을 잃은 듯이 보이던 어머니는 벌떡 일어서더니, 두 팔을 뻗고 손가락은 편 채 소리쳤다. "도와줘, 하느님 맙소사, 도와줘요!" 어머니는 그레고르를 더 잘 보려는 듯이 머리를 아래로 숙이고, 그러나 그와 반대로 정신없이 뒷걸음질로 내달렸다. 그 뒤에 식탁이 차려져 있다는 것도 잊어버리고 탁자에 닿자마자 정신이 나가서 그 위에 얼른 주저앉아버렸고, 그 옆으로 엎질러진 커다란 주전자에서 커피가 쏟아져 카펫에 흘러내리는 것도 모르는 것 같았다.

"어머니, 어머니"라고 그레고르가 조용히 부르며 어머니를 올려다보았다. 한순간 지배인에 대한 생각은 머릿속에서 사라졌다. 그에 반해 그레고르는 흘러내리는 커피를 잡으려고 몇 번이나 턱으로 허공을 휘젓지 않을 수 없었다. 이 모습에 어머니는 다시 소리를 지르며 식탁에서 도망을 쳤고 자신을 향해 달려오는 아버지의 품 안에 쓰러졌다. 하지만 그레고르에게는 지금 부모님에게 허비할 시간이 없다. 지배인은 이미 계단참에 있었다. 지배인의 턱이 난간 위에 있었고, 그는 마지막으로 뒤를 돌아보았다. 그레고르는 지배인을 확실하게 따라잡기 위해서 달렸다. 지배인은 무언가를 예감했는지, 계단참을 한 번에 여러 개 뛰어서 사라져버렸다. "후!"라고 내뱉는 소리가 계단 전체에 울려 퍼졌다. 애석하게도 지배인의 도주는 지금까지 비교적 평정을 지키고 있던 아버지를 완전히 혼란스럽게 만든 듯했다. 아버지가 직접 지배인을 뒤쫓든지 또는 적어도 그레고르가 뒤쫓는 것을 방해하지 말아야 하는데, 그 대신 아버지는 모자, 외투와 함께 의자에 남겨진 대리인의 지팡이를 오른손으로 잡고, 왼손으로 식탁에서 커다란 신문을 가져오더니 발을 구르고 그레고르를 향해 지팡이와 신문지를 흔들면서 그를 다시 방으로 몰아넣으려 했다. 그레고르의 애원은 아무런 소용이 없었다. 애원하는 소리도 이해할 수 없는 것이었고, 그레고르는 항복을 하고 머리를 돌릴 수밖에 없었다. 아버지는 더 강하게 발을 굴렀다. 저편에서는 어머니가 서늘한 날씨에도 불구하고 창을 열었고 몸을 내민 채, 두 손으로 얼굴을 감싸며 창밖으로 내밀고 있었다. 골목길과 층계참 사이에서 강한 바람이 들어와서 커튼이 펄럭였고 식탁 위의 신문이 소리를 내며 낱장들이 바닥으로 날아갔다. 아버지는 가차 없이 몰아댔고 마치 동물처럼 쉿 소리를 냈다. 그렇지만 그레고르는 아직 뒤로 가는 연습을 하지 않았기 때문에 정말 느렸다. 몸을 돌릴 수만 있다면, 금방 방에 들어갈 텐데. 그렇지만 몸을 돌리는 데 시간이 걸려서 아버지를 또 초조하게 만들까봐 두려웠다. 매 순간 아버지의 손에 있는 지팡이가 등이나 머리 위로 치명적인 가격을 할 위험이 있었다. 놀랍게도 뒤로 걸으면서 방향을 제대로 잡는지 알 수 없다는 것을 알게 되었고 그레고르는 달리 방법이 없었다. 그는 쉴 새 없이 겁에 질려 아버지를 곁눈질하면서 가능한 한 재빨리, 그러나 실제로는 천천히 몸을 돌리기 시작했다. 아버지도 선한 의도를 알아챘는지 그를 방해하지 않았고, 오히려 멀리서 지팡이 끝으로 이리저리 돌릴 방향을 지휘했다. 아버지의 쉬쉬 하는 소리만은 견디기가 힘들었다! 그레고르는 그 소리에 정신을 차릴 수가 없었다. 거의 몸을 돌렸지만 쉿 소리에 방향을 잃고 조금 더 돌아갔다. 마침내 머리로 문이 열린 곳까지 왔을 때, 그대로 통과하기에는 자신의 몸이 너무 넓다는 사실이 드러났다. 아버지는 지금 정신으로는 그레고르가 충분히 들어갈 수 있도록 다른 문을 열어줄 생각은 전혀 떠오르지 않았다. 단지 가능한 한 그레고르를 빨리 방으로 들여보내는 데만 생각이 가 있었다. 그레고르가 몸을 일으키고 이런 식으로 문을 통과하는 그런 부산스런 준비도 결코 허용하지 않았을 것이다. 오히려 아무런 장애도 없다는 듯이 큰 소리를 내면서 그레고르를 앞으로 몰았다. 그레고르 뒤에서 나는 소리는 더 이상 한 분뿐인 아버지의 목소리가 아니었다. 이제는 더 이상 장난도 아니었다. 그레고르는 어찌되든 간에 문 안으로 밀고 들어갔다. 몸 한쪽이 들렸고, 그는 비스듬하게 문턱에 기울어져버렸다. 옆구리에는 온통 상처가 생겼고, 흰색 문에는 흉한 얼룩이 남았다. 곧 그는 문에 단단히 끼어서 혼자서는 더 이상 움직일 수가 없었다. 한쪽 발들은 허공을 향해 떨면서 매달려 있었고 다른 쪽 발들은 바닥에 눌려져서 아팠다. 그때 뒤에서 아버지가 세차게 걷어차서 그를 구했고, 그레고르는 심하게 피를 흘리면서 멀리 방 안으로 날아 들어갔다. 지팡이로 문이 쾅하고 닫혔고 마침내 주위는 조용해졌다.

2

저녁 어스름 때에야 비로소 그레고르는 실신 상태와 같은 무거운 잠에서 깨어났다. 충분히 쉬고 잠을 잔 느낌이어서 방해를 받지 않고도 얼마 지나지 않아 잠에서 깨어났을 것이다. 그런데 스쳐지나가는 발소리와 현관방으로 통하는 문을 조심스레 닫는 소리가 자신을 깨운 듯했다. 가로등 불빛이 희미하게 천정과 가구의 윗부분 여기저기에 드리워져 있었지만, 그레고르가 있는 아래쪽은 어두웠다. 그레고르는 무슨 일이 있는지 알아보려고 서투르긴 하지만 이제는 그 가치를 알게 된 촉수로 더듬으며 문 쪽을 향해 천천히 몸을 끌고 갔다. 왼쪽 옆구리에는 당기는 듯한 불쾌감과 더불어 긴 흉터가 보였고, 그는 두 줄로 늘어선 발들로 절뚝거릴 수밖에 없었다. 발 하나는 오전에 사건이 일어나는 와중에 심하게 다쳤고, 아무런 움직임 없이 끌려 다녔다. 발 하나만 다쳤다는 것도 거의 기적이긴 했다.

문 앞에 와서야 그는 정말로 자신을 그곳으로 이끈 것이 무엇인지를 알게 되었다. 그것은 뭔가 먹을 수 있는 것의 냄새였다. 그곳에는 달콤한 우유가 그릇에 담겨 있었고, 작은 빵조각들도 떠 있었다. 기뻐서 거의 웃음이 나올 뻔했다. 아침에 비해 심한 허기가 느껴졌기 때문이었다. 그는 곧 머리를 우유에 넣었고 눈 위까지 잠겼다. 하지만 곧 실망해서 물러났다. 왼쪽 옆구리 때문에 먹는 행위 자체가 그에게 힘들었던 것도 있었다. 소리를 내며 빨아들일 때 몸 전체를 움직여야 먹을 수 있었으니까. 그런데 평소에는 즐겨 마시던 아마 그래서 여동생이 가져다 놓은 우유가 아무런 맛이 없었다. 아니 그는 거의 역겨움마저 느끼고 그릇에서 몸을 돌려 다시 방 한가운데로 기어갔다.

그레고르가 문틈으로 내다 본 거실에는 가스 등이 켜졌고, 평상시 같으면 이 시간에 아버지가 오후 신문을 어머니와 때로는 여동생에게 소리 높여 읽어주곤 했는데, 지금은 아무런 소리도 들리지 않았다. 아마도 여동생이 자신에게 항상 말했고 편지로도 알려주던 신문 낭독은 최근에 없어졌는지도 모르겠다. 그러나 집안에 분명 사람이 없는 것도 아닌데, 주위는 너무나 조용했다. '가족들은 얼마나 조용하게 생활하고 있는가.' 그레고르는 혼잣말을 하고 가만히 어둠 속을 응시하면서, 부모님과 여동생이 이런 좋은 집에서 이런 생활을 할 수 있는 것이 자신의 덕이라 생각하니 뿌듯해졌다. 만약 지금 이 모든 평온함, 안락함, 만족감이 끔찍스럽게 끝나야한다면 어떨까? 그레고르는 그런 생각에 빠져들지 않으려고 움직이기 시작했고 방 안을 이리저리 기어 다녔다.

긴 저녁 시간 동안 한 번은 옆문이, 한 번은 다른 쪽 문이 조금 열렸다가 다시 재빨리 닫혔다. 누군가 들어올 마음이 있었지만, 역시 너무 많은 생각이 들었나 보다. 그레고르는 이제 직접 거실 문에 기대어 서서 어떻게든 망설이는 방문객을 안으로 들어오게 하거나 적어도 그것이 누구인지 알아야겠다고 결심했다. 그러나 이젠 더 이상 문이 열리지 않았고 그레고르의 기다림은 헛수고가 되었다. 아침 일찍 모든 문이 잠겼을 때는 모두들 그의 방으로 들어오려 하더니만, 이제는 그가 문 하나를 열어 두었고 다른 문들도 분명 그날 열린 것 같은데, 누구도 더 이상 오지 않았고 열쇠는 바깥에서 걸려 있었다.

늦게 밤이 돼서야 거실의 불이 꺼졌고, 부모님과 여동생이 오랫동안 자지 않고 있었다는 것을 쉽게 알 수 있었다. 세 사람 모두 까치걸음으로 멀어지는 소리가 정확하게 들렸기 때문이다. 이제 분명 아침까지는 아무도 그레고르의 방에 들어오지 않을 것이다. 그러니까 이제 방해받지 않고 자신의 삶을 어떻게 새롭게 꾸려나갈지 생각할 시간이 많다. 그러나 바닥에 납작하게 엎드려 있어야만 하는 그에게 높고 툭 트인 방은, 이유는 알수 없었지만 어쩐지 그를 불안하게 만들었다. 이 방에서 지낸지 5년이나 되었는데 말이다. 그는 반쯤 무의식적으로 몸을 돌려 약간의 수치심마저 느끼면서 소파 아래로 바삐 움직였다. 등이 약간 눌리고, 머리를 들 수 없었음에도 곧 편안해졌고, 몸뚱이가 너무 넓어 소파 아래에 완전히 들어가지 않는 것이 안타까웠을 뿐이다.

그곳에서 그는 반쯤 잠이 들었다가 배가 고파 자주 잠에서 깨기도 하고, 걱정과 불분명한 희망을 갖기도 하면서 그날 밤을 보냈다. 그래서 내린 결론은 당분간 조용히 지내고, 인내심을 갖고 가족들을 배려하면서 지금 자신이 처한 상황으로 인해 일어날 수밖에 없는 불쾌한 일들을 견디어 내도록 해야 한다는 것이었다.

이른 아침, 아니 아직 늦은 밤에 그레고르는 방금 내린 결정의 효력을 시험해 볼 기회를 얻었다. 앞방에서 여동생이 옷을 다입고, 문을 열고 긴장해서 방 안을 들여다보았기 때문이다. 여동생은 그레고르를 금방 발견하지 못했다. 아니, 어디엔가는 있을 텐데, 날아 가버렸을 리는 없을 텐데. 그런데 소파 아래에 있는 그레고르를 보고는 너무나 놀라 정신없이 밖에서 문을 쾅하고 닫아버렸다. 그러나 곧 자신의 행동이 후회된 듯이, 다시 문을 열고는 중환자나 낯선 사람에게로 오는 것처럼 발끝으로 걸어 들어왔다. 그레고르는 머리를 소파 가장자리까지 내밀고 여동생을 관찰했다. 유유를 먹지 않고 그대로 두었다는 것을 알까? 그것도 절대로 배가 고프지 않아서 그런 것이 아니라는 것을? 나에게 맞는 더 나은 다른 음식을 가져올까? 여동생이 알아서 그렇게 해주어야 할 텐데. 여동생에게 자신이 직접 그것을 알려주느니 차라리 굶어 죽을 것이다. 실은 소파 아래에서 달려나와 여동생의 발아래에 몸을 던지고 더 나은 먹을 것을 애원하고 싶은 엄청난 욕구가 솟구쳤지만 말이다. 그렇지만 여동생은 곧 놀랍게도 주위에 조금 쏟아져 있을 뿐, 우유가 가득 차 있는 그릇을 발견하고 두 손이 아닌 걸레로 그릇을 감싸 들고 밖으로 나갔다. 그레고르는 여동생이 그 대신 무엇을 가지고 올지 매우 궁금했다. 그리고 그에 관해 온갖 생각을 해 보았다. 그러나 여동생이 실제로 어떤 호의를 베풀지 그는 절대 맞출 수 없었을 것이다. 그녀는 그레고르의 입맛을 테스트하기 위해 여러가지를 모두 오래된 신문지 위에 펼쳐서 가져왔다. 그것은 반쯤 썩은 오래된 야채, 저녁 식사 때 나온 흰색 소스가 굳은 채 묻어 있는 뼈다귀, 건포도와 아몬드 몇 알, 이틀 전 그레고르가 상했다고 말한 치즈, 말라빠진 빵, 버터를 바른 빵, 버터를 바르고 소금을 뿌린 빵이었다. 그 외에도 그레고르의 것으로 정한 그릇에 물을 담아 놓았다. 그리고 세심한 마음으로, 자신 앞에서는 그레고르가 먹지 않을 것임을 알고는 서둘러 방을 나갔고 심지어 그레고르가 원하는 대로 편하게 해도 된다는 것을 알 수 있게 열쇠를 돌려 잠갔다. 먹을 것을 향해 가는 그레고르의 발들이 분주하게 움직였다. 아무튼 그 새 다친 곳은 다 나은 듯했다. 더 이상 거슬리는 느낌이 없었고, 그는 그것에 놀라면서 칼로 손가락을 약간 다친 지 한 달이 넘었는데, 그저께도 그곳이 꽤 아팠다는 것이 떠올랐다. '이제는 예민한 감각이 없어진 건가?'라고 생각했고 다른 음식보다 먼저 그리고 힘차게 끌어당긴 치즈를 허겁지겁 빨아들였다. 차례차례 허겁지겁 만족감에 눈물을 글썽이면서 치즈와 야채, 소스를 먹어치웠다. 그에 비해 신선한 음식은 별로 맛이 없었고, 냄새조차 견디기 힘들었다. 그래서 자신이 먹고 싶은 것들을 멀리 저쪽으로 끌고 갔다. 이미 모든 것을 해치운 지 한참 되었고 빈둥거리며 그 자리에 그대로 누워 있었다. 그때 여동생이 그 자리에서 물러서라는 신호를 보내듯이, 천천히 열쇠를 돌렸다. 그는 반쯤 졸고 있다가 소스라치게 놀라 한 번 더 서둘러 소파 아래로 갔다. 여동생이 방에 머문 것은 짧은 시간이었지만, 그동안 소파 아래에 있기에는 커다란 극기심이 필요했다. 많이 먹어서 몸뚱이가 약간 부풀어 있었기 때문에 소파 아래 좁은 곳에서 거의 숨을 쉴 수가 없었기 때문이다. 호흡곤란으로 인한 약간의 발작상태에서 그는 부풀어 오른 두 눈으로 아무것도 모르는 여동생이 남은 음식과 전혀 손대지 않은 것까지도 더 이상 필요 없다는 듯이 빗자루로 쓸어 담아 재빨리 양동이에 쏟아 붓고 나무 뚜껑을 덮어 가지고 나가는 것을 보았다. 여동생이 몸을 돌리자마자, 그레고르는 곧 소파에서 나와 몸을 뻗고 부풀렸다.

이런 식으로 그레고르는 매일 먹을 것을 받았다. 한 번은 부모님과 하녀가 아직 잠든 아침이었고, 두 번째는 다들 점심 식사를 한 후였는데, 부모님은 점심 식사를 하고 곧 잠깐 낮잠을 잤고 여동생은 하녀를 심부름을 시켜 내보냈다. 그들은 분명 그레고르가 굶어 죽는 것은 원하지 않겠지만 그레고르가 먹는 음식에 대해 듣는 것 이상으로 알게 되는 것은 견딜 수가 없었을 것이다. 여동생도 가능하면 부모님에게 슬픈 일은 작은 부분이라도 덜어주고 싶었을 것이다. 이미 그들은 충분히 고통 받고 있기 때문이다.

첫날 오전에 어떤 말로 의사와 열쇠장이를 다시 집에서 내보냈는지 그레고르는 알 길이 없었다. 그레고르의 말을 알아들을 수 없었기 때문에 아무도, 여동생 역시 그레고르가 다른 사람의 말을 이해할 수 있으리라고 생각하지 않았다. 그래서 여동생이 방으로 들어와서는 여기저기서 한숨을 내쉬고 성자를 부르는 것을 듣는 것으로 만족해야만 했다. 나중에 여동생이 어느 정도 모든 것에 적응했을 때—완전한 적응에 대해서는 결코 말할 수 없을 것이다—그레고르는 때로는 다정한 또는 다정한 것으로 이해될 수 있는 몇 마디 말을 들을 수 있었다. 여동생은 그레고르가 먹을 것을 깨끗이 해치우면 "오늘은 맛이 있었나 봐."라고 말했고, 반대의 경우에는 거의 슬픈 어조로 이렇게 말하곤 했다. "전부 그대로네." 물론 반대 경우가 점점 더 빈번해졌다.

그레고르가 직접 들을 수 있는 새로운 소식은 없었던 반면, 옆방에서 흘러나오는 것들은 제법 엿들을 수 있었다. 목소리가 들리면 곧 그쪽 문으로 달려가서 온 몸을 문에 갖다 댔다. 처음에는 특히 은밀하게라도, 그레고르와 연관되지 않은 대화는 없었다. 이틀 내내 식사 시간에 어떻게 행동해야 할지 의논하는 것을 들을 수 있었다. 식사 시간이 아닌 때에도 같은 주제에 관해 이야기를 했다. 항상 적어도 두 명은 집안에 있었는데, 아마 어느 누구도 혼자 집에 있으려 하지 않았고 집을 완전히 비워둘 수도 없었기 때문이었다. 벌어진 그 일에 대해 어떻게 또는 얼마나 알고 있는지 분명하지 않지만, 하녀는 첫날에 바로 무릎을 꿇고 당장 내보내달라고 어머니에게 애원을 했다. 그리고 십오 분 후에 작별인사를 하면서 자신에게 베푼 최고의 은혜라도 되는 듯 눈물을 흘리며 해고에 대해 감사인사를 했고, 요구하지 않았는데도 어느 누구에게 어떤 것도 말하지 않겠다는 엄청난 맹세를 했다.

이제 여동생은 어머니와 함께 요리도 해야 했다. 식구들이 거의 먹지 않았기 때문에 일이 많지는 않았다. 서로 식사하라고 권하지만, "고마워, 이미 충분히 먹었어." 또는 그 비슷한 대답 외에 다른 말은 들리지 않았다. 거의 마시지도 않는 것 같았다. 때로 여동생이 아버지에게 맥주를 드시겠느냐고 물으며 직접 갖다 드리겠노라고 다정하게 권했지만, 아버지는 아무런 말이 없었다. 그러면 여동생은 아버지가 신경 쓰지 않도록 파출부 아주머니를 시키겠다고 했지만, 마침내 아버지는 큰 소리로 "아니다." 라고 말했고, 그것으로 그에 관한 대화는 끝이 났다.

이미 그 첫날이 다가기도 전에 아버지는 금전적인 상황과 전망을 어머니와 여동생에게 설명했다. 가끔 탁자에서 일어나서 5년 전 망한 가게에서 건져낸 작은 금고에서 증빙서류나 장부를 꺼내 오기도 했다. 복잡한 자물쇠를 열어 찾던 것을 꺼내고 다시 닫는 소리가 들렸다. 아버지의 이런 설명은 갇혀 지낸 이래로 그레고르가 처음으로 접한 기쁜 소식이기도 했다. 그는 아버지의 사업에서 아무것도 남지 않았다고 생각했고, 아버지도 그와 반대되는 말은 한 적이 없었다. 물론 그레고르도 그에 관해 아버지에게 물어본 적이 없었다. 당시 그레고르의 걱정은 모두를 완전한 절망에 빠뜨린 사업상의 불행을 가족들이 가능한 한 빨리 잊을 수 있도록 온 힘을 기울이는 데 있었다. 그래서 그는 정말 열심히 일을 하기 시작했고 거의 하룻밤 새에 점원에서 출장 영업사원이 되었다. 영업사원은 당연히 수입을 올릴 수 있는 다른 가능성이 있었는데, 업무 성과는 곧 커미션 형태의 현금으로 바뀌어서 집으로 돌아와 탁자 위에 내놓으면, 가족들은 놀라워하고 행복해했다. 정말 좋은 때였다. 그런 시간은 그 뒤로는 다시 오지 않았다. 적어도 그렇게 빛나게. 나중에 그레고르가 온 가족의 생활비를 댈 수 있게 되고, 또 그것을 부담할 정도로 많은 돈을 벌었지만 말이다. 이제는 익숙해져서, 가족들은 고맙게 돈을 받고, 그레고르는 기꺼이 돈을 갖다 주었지만, 특별히 따뜻한 마음은 더 이상 생기지 않았다. 여동생만 그레고르와 가까웠고, 그는 자신과 달리 음악을 매우 좋아하고 감동적인 바이올린 연주를 할 줄 아는 여동생을 이듬해에는 음악원에 보내려고 몰래 계획을 세우고 있었다. 물론 거기엔 비용이 많이 들겠지만, 다른 식으로 마련할 수 있을 터였다. 그레고르가 잠시 시내에 머무르는 동안 여동생과 이야기를 하면서 음악원을 자주 언급했지만 그것은 멋진 꿈일 뿐 실현될 수 없는 것이었다. 부모님도 이런 순진한 이야기를 들으려 하지도 않았다. 그래도 그레고르는 매우 구체적으로 그런 생각을 하고 있었고 이를 성탄절 저녁에 정식으로 말할 계획이었다.

지금 문 앞에 붙어 서서 귀를 기울이고 있는 이런 상태에서는 전혀 쓸모없는 그런 생각들이 그의 머릿속을 스쳐 지나갔다. 너무 피곤해서 전혀 주의를 기울일 수 없게 되었고, 머리를 문에 부딪쳤다가 곧 다시 들기도 했다. 그렇게 해서 생긴 작은 소리가 옆방에도 들렸고 곧 모두들 입을 다물게 했기 때문이다. 잠시 후 아버지가 분명 문 쪽을 향하며 말했다. "대체 뭘 하는 건지." 그러고 나서 끊어졌던 대화가 점차 다시 시작되었다.

그레고르는 이제 알만큼 알게 되었다. 설명을 할 때 아버지는 반복하는 습관이 있었기 때문이다. 이렇게 설명을 해본 지 오래되었기 때문이기도 하고 어머니가 단번에 모든 것을 알아듣지 못하기 때문이기도 했다. 모든 불행에도 불구하고 옛날에 남은 약간의 재산에 그동안 손대지 않은 이자가 붙어 조금 불어나 있었다. 게다가 몇 굴덴만 자신이 갖고 매달 집으로 갖다 준 돈이, 다 쓰지 않고 어느 정도 모여 있었다. 그레고르는 문 뒤에서 열심히 고개를 끄덕이고 이런 예기치 않은 준비와 검소함에 기뻐했다. 원래는 이렇게 남는 돈으로 아버지가 사장에게 진 빚을 갚고, 이 일을 그만두게 되는 날이 더 가까이 왔겠지만, 지금으로서는 아버지가 그리 한 것이 더 나으며, 그것은 의심할 여지가 없었다.

그 금액은 가족들에게는 이자로 살기에는 턱없이 부족했고, 아마 일 년, 아니 잘하면 이 년은 충분히 버틸 것이다. 그러나 그 이상은 힘들다. 그러니까 그것은 사실 손을 대서는 안 되는, 비상시를 위해 남겨둔 금액이었다. 생계를 위해서는 돈을 벌어야만 한다. 아버지는 지금 건강하기는 하지만 나이가 들어 5년째 아무런 일을 하지 않았고, 여하간 그다지 자신감을 가질 수도 없었다. 힘겨웠던 그럼에도 성공적이지 못했던 인생에서 처음으로 맞는 휴식이었던 지난 5년 동안 아버지는 살이 많이 쪘고 이로 인해 몸이 무거워져 있었다. 그러면 집 안을 다니는 것만도 힘들어 하고, 천식에 시달리면서 숨쉬기가 힘들어 격일제로 창문을 열어둔 채 소파에 누워 지내는 나이든 어머니가 돈을 벌어야 한단 말인가? 아니면 아직 열일곱 살의 어린애인데다, 지금껏 예쁘게 차려입고, 실컷 잠을 자고, 집안일을 돕고, 가끔 소박한 파티에 가거나 특히 바이올린을 켜는 생활을 해 온 여동생이 돈을 벌어야 한단 말인가? 돈벌이의 필요성에 대한 이야기가 오갈 때면, 그레고르는 매번 문에서 떨어져 문 옆에 놓여 있는 서늘한 가죽소파 위로 몸을 던졌다. 수치심과 슬픔으로 온몸이 달아올랐기 때문이었다.

그는 때로는 긴 밤을 거기에 누워서 한순간도 잠들지 못하고 몇 시간 동안 가죽을 긁어대기만 했다. 아니면 안락의자를 창가로 밀고 가서 창문틀을 기어올라 의자에서 버틴 채, 창가에 기대어 창밖을 내다보는 노고도 마다하지 않았다. 예전에 자신에게 중요했던 해방감을 기억해내면서 말이다. 왜냐하면 사실, 가까운 곳의 물체들은 매일매일 점점 더 불분명하게 보였다. 이전에는 너무나 자주 보는 광경이라 불평하던 맞은편 병원은 이제는 전혀 보이지 않았다. 조용하기는 하지만 완전히 도시적인 샤를로테 가에 살고 있다는 것을 확실히 알고 있기에 망정이지, 그렇지 않았더라면 창밖으로 보이는 것이 회색 하늘과 회색 땅이 서로 구분되지 않고 한 덩어리로 합쳐진 황량한 곳이라고 생각했을 것이다. 세심한 여동생은 창가에 의자가 있는 것을 딱 두 번 보고 매번, 방을 청소한 다음에는 의자는 다시 창가로 밀어놓았고, 심지어 이제는 창문을 열어두기까지 했다.

그레고르가 여동생과 말을 할 수 있고, 자신을 위해 해야만 하는 이 모든 것에 감사를 표할 수만 있다면, 여동생이 해주는 일들이 견디기가 쉬웠을 것이다. 그렇지 못했기 때문에 그는 괴로웠다. 물론 여동생은 가능한 한 이 모든 것에서 불쾌한 기분을 씻어내기 위해 애를 썼고 시간이 갈수록 당연히 더 잘해나갔다. 그러나 그레고르도 시간이 지나면서 모든 것을 더 정확하게 볼 수 있었다. 여동생이 들어오는 것부터가 그는 끔찍했다. 그녀는 들어오자마자, 지체하지 않고 문들을 잠그기 위해 달려갔다. 다른 사람들이 그레고르의 방이 보이지 않도록 얼마나 조심을 하는지, 곧장 창문으로 달려가서 마치 숨이 막힌다는 듯이 빠른 손놀림으로 창을 열고 아직 날씨가 추운데도 한동안 창가에 서서 숨을 깊이 들이쉬었다. 이렇게 뛰어다니고 소란을 피우면서 하루에 두 번 그레고르를 놀라게 했다. 그동안 그레고르는 소파 아래에서 몸을 떨었다. 그러나 그레고르가 있는 방에서 창문을 닫은 채 있을 수만 있었다면 여동생이 그러지 않았으리라는 것은 그레고르도 잘 알고 있었다.

그레고르가 변신을 한 지 아마 한 달이 지났을 때였다. 그리고 이제는 그레고르의 모습에 여동생이 특별히 놀랄 이유는 더이상 없었다. 그녀는 평소보다 조금 일찍 왔고, 그때까지 꼼짝 않고 창밖을 내다보고 서 있는 그레고르의 모습과 마주쳤다. 그것은 기겁할만했다. 여동생이 들어오지 않을 것임을 예상하지 못한 것은 아니었다. 그가 서 있는 위치가 여동생이 바로 창문을 여는 데 방해가 되기 때문이었다. 그러나 여동생은 들어오지 않고, 그뿐만 아니라 뒤로 물러나더니 문을 잠가버렸다. 모르는 사람이 보면, 그레고르가 그녀를 기다리고 있다 물어버리려 한다고 생각했을 것이다. 그레고르는 당연히 소파 아래에 몸을 숨기고 점심시간에 여동생이 올 때까지 기다려야만 했다. 그녀는 평상시보다 훨씬 더 불안해 보였다. 그 모습에서 그는 여동생에게는 자신을 보는 것이 여전히 힘들고 앞으로도 견뎌낼 수 없으리라는 것을 알게 되었다. 소파 밖으로 튀어나온 몸뚱이의 일부분만을 보고도 도망치지 않으려면, 아마 엄청난 자제력이 있어야 한다는 것도 말이다. 이런 모습을 보여주지 않기 위해서 어느 날 그는 등 위에 침대 시트를 올려 소파 위로 옮겨놓고 잘 정리해서 자신을 완전히 덮어 여동생이 몸을 굽히더라도 자신을 보지 못하도록 했다. 이 일을 하는 데만 네 시간이 걸렸다. 여동생의 생각에 시트가 필요 없다면, 치우면 될 것이다. 자신을 철저하게 숨기는 것이 그레고르에게 재미있는 일이 될 수 없다는 것은 확실했기 때문이었다. 그러나 여동생은 시트를 그대로 두었고 그레고르가 여동생이 이 장치를 어떻게 받아들이는지 살펴보려고 머리로 조심스레 시트를 살짝 부풀렸을 때 흘낏 고맙다는 눈빛을 본 것 같기도 했다.

처음 2주 동안 부모님은 그의 방에 들어올 수 없었다. 그리고 예전에는 쓸모없어 보이는 여동생에 대해 부모님께서 자주 화를 냈었는데, 이제는 여동생이 하는 일을 얼마나 전적으로 인정하는지, 들어서 알 수 있었다. 이제 두 사람, 아버지와 어머니는 때때로 그레고르의 방을 여동생이 치우는 동안 그곳에서 기다렸고, 동생은 방에서 나오자마자 방 안이 어땠는지, 그레고르가 무엇을 먹었는지, 이번에는 어떤 행동을 했는지, 혹시 조금이라도 호전이 있는지, 그대로 말해야 했다. 어머니는 가능하면 빨리 그레고르를 보러가려고 했지만, 아버지와 여동생은 처음에는 이성적으로 근거를 대며 이를 말렸다. 그레고르는 그 말에 귀를 기울였고, 완전히 인정할 수 있었다. 그러나 나중에는 어머니를 말리기 위해 완력을 써야 했다. 그럴 때면 어머니는 이렇게 외쳤다. "그레고르에게 가게 해줘요. 그래도 그 애는 불쌍한 내 아들이에요! 모르겠어요? 그 애한테 가야한다니까요." 그러면 그레고르는 생각했다. 어머니가 들어오는 것이 나을 수도 있겠다. 물론 매일은 아니고, 일주일에 한 번 정도는. 여동생보다는 어머니가 훨씬 더 많은 것을 더 잘 이해할 것이다. 온갖 용기에도 불구하고 여동생은 아직 어린애인데다 이렇게 무거운 일을 떠맡은 궁극적인 이유도 결국은 단지 어린애의 경솔함일 테니까.

어머니를 보려던 그레고르의 희망은 곧 실현되었다. 그레고르는 낮에는 부모님을 생각해서 창가에 서 있는 모습을 보이지 않으려했다. 그렇지만 몇 제곱미터 되지 않는 바닥에서 그다지 많이 기어 다닐 수도 없었고 밤 동안에 조용히 엎드려 있는 것도 견디기 힘들었다. 먹는 일은 이제 조금도 즐겁지 않았고, 기분전환 삼아 벽과 천정을 이리저리 기어 다니는 습관이 생겼다. 특히 천정에 매달려 있기를 좋아했다. 그것은 바닥에 누워있는 것과는 전혀 다른 것이었다. 더 자유롭게 숨을 쉴 수 있었고 가벼운 떨림이 온 몸을 꿰뚫고 지나갔다. 그곳 위에서 느끼는 행복감으로 집중력이 흐트러져 발을 떼는 바람에 바닥에 떨어져 쿵하고 소리를 내는 일도 있었다. 그레고르도 깜짝 놀랐다. 그러나 전과는 달리 이제 그는 자신의 몸을 통제하고 있었고 그렇게 크게 추락을 했는데도 다치지 않았다. 여동생은 그레고르가 찾아낸 놀이를 금방 눈치 챘다. 그레고르가 기어 다니면서 여기저기에 끈적이는 흔적을 남겼으니까 말이다. 여동생은 그레고르가 넓은 공간을 기어 다닐 수 있도록 방해되는 가구들, 특히 서랍장과 책상을 치울 생각을 해냈다. 그러나 혼자서는 이 모든 일을 할 수 없었다. 아버지에게 감히 도움을 청할 수도 없었다. 하녀는 분명 그녀를 돕지 않을 것이다. 열여섯 살쯤 되는 하녀는 이전 요리 담당 가정부가 해고된 후 용감하게 버티고 있었지만, 간청을 해서 항상 부엌문을 잠그고 특별히 부를 때에만 문을 열기로 했기 때문이다. 그래서 여동생은 아버지가 없을 때 어머니를 데려 오는 것 외에는 다른 방법이 없었다. 어머니는 기쁨에 들떠서 환호성을 올리며 다가왔지만 곧 그레고르의 방 앞에서 잠잠해졌다. 우선 여동생이 방 안에 모든 것이 정상인지 들여다보았고, 그러고 나서야 어머니를 들여보냈다. 그레고르가 서두르다 보니 시트에는 더 깊고 많은 주름이 잡혔다. 얼핏 보면 그것은 우연히 소파 위에 던져진 시트처럼 보였다. 그레고르는 이번에도 시트 아래에서 염탐하기를 포기했다. 이번에는 어머니를 보기를 포기한 것이다. 그리고 이렇게 와주신 것만도 고마웠다. "들어오세요, 보이지는 않아요."라고 여동생이 말했고 분명 어머니의 손을 잡고 안내하는 듯했다. 그레고르는 두 명의 연약한 여인들이 무거운 낡은 서랍장을 그 자리에서 미는 소리, 무리한다고 걱정하는 어머니의 경고에도 여동생이 계속해서 일의 대부분을 자기가 하려는 소리를 들었다. 그 일은 매우 오래 걸렸다. 일을 시작한 지 십오 분쯤 지났을까, 어머니가 서랍장은 여기 그냥 두는 게 낫겠다고 말했다. 우선 서랍장이 너무 무겁고 아버지가 오기 전에 일을 마칠 수 없을 테고 그렇다고 방 한가운데에 두면 그레고르가 다니는 길목마다 방해가 될 것이고, 둘째는 가구를 치우는 것이 그레고르를 위한 일인지 확실치 않다는 것이었다. 어머니 생각으로는 그 반대인 것 같다고. 비어있는 벽을 보니 벌써 마음이 무거워지는데, 그레고르라고 해서 이런 감정을 갖지 않겠는가, 방 안의 가구에 오랫동안 익숙해져 있으니까 방이 비면 버림받은 느낌을 받지 않겠느냐고 말했다. "그렇지 않다면"이라고 어머니는 아주 낮게 말을 맺었다. 그레고르가 정확하게 어디에 있는지 알 수 없었지만, 그가 말을 이해하지 못한다고 확신한 어머니는 목소리의 울림조차 들리지 않게 하려는 듯 작게 속삭였다. "그렇지 않니, 우리가 가구를 치우는 건 나아질 거라는 희망을 완전히 버리고 아무런 생각 없이 그 애를 방치하는 것 같지 않을까? 내 생각에는 이 방을 예전 그대로 두는 게 최선일 듯 싶다. 그래야 그레고르가 다시 우리에게로 돌아와서 모든 게 변하지 않은 걸 보면 그 새 있었던 일을 더 쉽게 잊을 수 있지 않겠니."

어머니가 하는 이 말을 들으면서 그레고르는 가족들 속에서 단순한 생활을 하는 것과도 연관이 있지만, 요 두 달간 사람들과 직접적인 대화가 없었다는 것이 자신의 이성을 혼란스럽게 했음이 틀림없다고 생각했다. 그렇지 않다면 어떻게 자신의 방을 치워달라고 진지하게 요구할 수 있다는 것인지, 설명할 수 없었다. 물려받은 가구로 편안하게 꾸며져 있는 따뜻한 이 방을 동굴로 변하도록 내버려둘 참인가? 사방으로 마음대로 기어 다닐 수야 있겠지만 동시에 곧 사람이었던 자신의 과거를 까맣게 잊어버릴 텐데? 이미 거의 잊어버릴 뻔했는데, 한동안 듣지 못했던 어머니의 목소리가 그를 흔들어 정신을 차리게 한 것이다. 어떤 것도 치우면 안 된다. 모든 것은 그대로 있어야 한다. 가구가 자신의 상태에 미치는 좋은 영향을 포기할 수는 없다. 그리고 마냥 기어서 돌아다니는 데 가구가 방해가 된다면, 그것은 피해를 주는 것이 아니라 커다란 이득이다.

그러나 여동생은 안타깝게도 다른 의견이었다. 물론 완전히 틀린 것은 아니지만, 여동생은 그레고르의 일에 관해 이야기할 때 부모님 앞에서 특히 전문가인 양 하는 데 익숙해져 있었고, 지금 어머니의 충고도 처음에 자신이 생각했었던 서랍장과 책상뿐만 아니라 꼭 필요한 소파 외에 모든 가구들을 치워야 한다고 고집할 충분한 근거가 되었다. 이러한 주장을 하는 것은 물론 어린아이 같은 고집이나 근래 생각지 못하게 그리고 힘겹게 얻은 자부심 때문만은 아니었다. 그녀는 그레고르가 기어 다니는 데 더 많은 공간이 필요한데 보다시피, 가구는 그에게 조금도 쓸모가 없다는 것을 실제로 본 것이다. 아마도 그 나이 또래의 여자아이들이 가진 열광적인 정서도 한몫했을 것이다. 그것은 어떻게 해서든 충족되어야 하고, 그레테로 하여금 그레고르의 상황을 더 끔찍하게 만들어서, 그를 위해 지금보다 더 많은 일을 하도록 만드는 것이다. 그레고르 혼자 빈 벽을 마음대로 돌아다니는 방에는 아마 그레테 외에는 어느 누구도 감히 들어올 마음이 생기지 않을 테니까.

이렇게 여동생은 어머니의 말에도 자신의 결정을 굽히지 않았고, 이 방 안의 어수선함 때문에 확신이 없었던 어머니는 곧 입을 다물고 힘을 모아 서랍장을 끌어내는 여동생을 도왔다. 자, 어쩔 수 없는 경우라면 그레고르에게 서랍장은 없어도 된다. 그러나 책상만은 있어야 한다. 끙끙대면서 여자들이 서랍장을 밀면서 방을 나가자마자, 그레고르는 소파 아래에서 머리를 내밀고 조심스럽고 할 수 있는 한 세심하게 이 일에 개입하려고 주위를 살폈다. 그러나 그레테가 옆방에서 서랍장을 붙들고 이리저리 흔들면서 그 자리에서 치우지도 못하고 있는 동안, 불행하게도 먼저 돌아온 것은 하필 어머니였다. 어머니는 그레고르의 모습에 익숙해 있지 않기 때문에 상심할 수도 있을 터였다. 놀란 그레고르는 뒷걸음으로 소파의 가장자리까지 서둘러 갔지만, 시트가 앞으로 움직이는 것을 어찌할 수 없었다. 그것은 어머니의 주의를 끌기에 충분했다. 어머니는 멈칫하고 서서 잠시 가만히 있더니 곧 그레테에게 돌아갔다.

그럼에도 그레고르는 별다른 일은 일어나지 않았다고 혼자 되뇌었다. 가구 몇 개만 옮길 뿐이라고. 그러나 곧 여자들이 왔다 갔다 하면서 서로를 부르는 낮은 소리, 바닥에서 가구가 긁히는 소리가 사방에서 자신을 향해 다가오는 커다란 소음 같다는 것을 고백할 수밖에 없었다. 그는 머리와 발을 단단히 움츠리고 몸뚱이를 바닥에 댄 채, 이 모든 것을 그리 오래 견딜 수 없을 거라는 걸 인정하지 않을 수 없었다. 그들이 방을 비우고 있다. 자신에게 남아 있는 모든 것을 가져가고 있다. 톱과 연장들이 들어 있는 서랍장은 이미 내어가 버렸다. 이제는 거의 바닥에 파묻힌 책상, 견습생 시절, 실업학교 학생, 심지어 초등학생 때 숙제를 하던 책상을 해체하고 있다. 이젠 정말 두 여자들의 선한 의도를 시험할 시간이 더 이상 없다. 그들은 자신의 존재는 거의 잊은 듯했다. 지친 나머지 그들은 이미 말없이 일을 하고 있었다. 뚜벅뚜벅 무겁게 발을 옮기는 소리만이 들려왔다.

마침 잠시 쉬기 위해 옆방에서 여자들이 책상에 기대어 있었다. 그래서 그는 자리에서 박차고 나왔다. 네 번이나 방향을 바꾸면서 달렸지만, 무엇을 먼저 구해야 할지 알 수 없었다. 그 때 이미 텅 빈 벽에서 눈에 띄는, 온통 모피로 감싼 여인의 그림이 보였다. 그는 서둘러 기어 올라가서 그림을 덮고 있는 유리에 몸을 붙였다. 뜨거운 배에 좋은 느낌이 왔다. 그레고르가 지금 완전히 덮고 있는 이 그림만은 분명 누구도 빼앗지 못할 것이다. 그는 돌아오는 여자들을 보기 위해 거실 쪽 문을 향해 머리를 돌렸다.

그들은 많이 쉬지도 못하고 곧 다시 돌아왔다. 그레테는 한 팔로 어머니를 안고 거의 부축하다시피 했다. "이제 어떤 걸 할 까요?" 그레테가 물으며 주위를 둘러보았다. 그때 그녀의 시선이 벽에 있는 그레고르의 시선과 마주쳤다. 어머니가 그 자리에 있었기 때문인지 여동생은 정신을 차렸고, 어머니가 주위를 둘러보지 못하도록 어머니에게로 얼굴을 숙였다. 그리곤 떨리는 목소리로 두서없이 말했다. "오세요, 우리 잠시 거실로 돌아갈

까요.?" 그레테의 의도는 그레고르에게는 분명했다. 어머니를 안전한 곳으로 모셔놓고, 자신을 벽에서 내쫓으려는 것이다. 그래, 한 번 해 보라지! 그는 자신의 그림 위에 앉아서 그것을 내어놓지 않을 것이다. 차라리 그레테의 얼굴을 향해 튀어오를 테다.

그러나 그레테의 말은 어머니를 불안하게 만들었다. 어머니는 옆으로 비켜서서 꽃무늬 벽지 위에 있는 거대한 갈색 반점을 발견했다. 자신이 보고 있는 것이 그레고르라는 것을 인식하기도 전에, 어머니는 거칠게 소리를 질러댔다. "아이고 하느님, 맙소사!" 그리고 모든 것을 포기한다는 듯이 두 팔을 벌리고 소파에 쓰러졌고 움직이지 않았다. "그레고르!" 주먹을 쥐고 위협적인 시선으로 여동생이 소리쳤다. 그것은 자신이 변한 후에 여동생이 그를 향해 직접 던진 첫마디 말이었다. 여동생은 어머니를 깨어나게 하기 위해 물약을 가지러 옆방으로 달려갔다. 그레고르도 여동생을 도우려고 했다. 그림을 구할 시간은 아직 있다. 그런데 그림에 단단히 들러붙어 버려서, 안간힘을 써서야 떨어질 수 있었다. 그는 예전처럼 여동생에게 충고를 할 수 있다는 듯 옆방으로 달려갔다. 그러나 여동생이 약병들을 뒤적이고 있는 동안 아무것도 하지 못하고 뒤에 서 있었다. 그리고 여동생이 뒤돌아서면서 다시 깜짝 놀랐고, 병 하나가 바닥에 떨어져 산산조각이 났다. 그레고르는 유리 조각에 얼굴을 다쳤고 뭔지 모를 지독한 약품이 주변에서 흐르고 있었다. 그레테는 그리 지체하지 않고 손으로 잡을 수 있는 만큼 약병을 쥐고 어머니에게로 달려갔다. 그리고 발로 문을 닫아 버렸다. 그레고르는 이제 자신 때문에 죽음에 가까워졌을 어머니로부터 격리되었다. 그 문을 열어서는 안 된다. 어머니 곁에 있어야 하는 여동생을 쫓아내지 않으려면, 이제는 기다리는 것 외에 할 수 있는 일이 없다. 자책과 걱정이 밀려왔다. 그는 기어다니기 시작했다. 벽, 가구, 천정 온 사방을, 그리고 온 방이 그의 주위에서 빙빙 돌기 시작할 때 절망해서 커다란 탁자 위 한가운데로 떨어졌다.

잠시 시간이 흘렀다. 그레고르는 납작 뻗어 있었고 주위는 조용했다. 이것은 좋은 신호이다. 그때 초인종이 울렸다. 하녀는 당연히 부엌에 갇혀 있었고, 그레테가 문을 열러 가야 했다. 아버지가 왔다. "무슨 일이 있었냐?" 아버지의 첫마디였다. 그레테의 모습이 그에게 모든 것을 말해준 것이다. 그레테는 둔탁한 목소리로 대답했다. 분명히 얼굴을 아버지의 가슴에 묻고 있나보다. "어머니가 정신을 잃었어요. 그렇지만 벌써 좋아졌어요. 그레고르가 달아났어요." "예상했었다."라고 아버지가 말했다. "항상 그럴 거라고 말하지 않았니, 그런데 너희들 여자들은 들으려 하지 않았지." 아버지가 그레테의 너무나 간단한 보고를 나쁘게 해석하고, 그레고르가 어떤 폭력적인 행위를 초래했다고 생각

하는 것이 그레고르에게도 분명하게 다가왔다. 그래서 그레고르
는 아버지의 마음을 가라앉혀야만 했다. 아버지를 이해시킬 시
간도 없었고 그럴 방법도 없었기 때문이다. 그래서 그는 자신의
방 쪽으로 도망가서 문에 몸을 대고 눌렀다. 아버지가 현관방에
서 들어오면서 그레고르가 금방 자신의 방으로 돌아갈 생각이
라는 것을 가능한 한 볼 수 있도록. 그리고 자신을 몰아낼 필요
가 없고 단지 문만 그대로 열어두면 곧 자신이 사라질 것이라
는 것을 알 수 있도록.

그러나 아버지는 그런 세세한 것을 알아챌 기분이 아니었다.
"아니!" 들어서면서 이미 아버지는 화가 나 있는 동시에 반가운
어조로 소리쳤다. 그레고르는 문에서 머리를 떼어 아버지를 향
해 들었다. 그는 지금 서 있는 그런 모습의 아버지를 상상해본
적이 없다. 여하간 최근에는 예전과는 달리 기어 다니느라, 집안
의 다른 일들을 신경 쓰지 못했지만 변화된 상황에 맞게 대비
를 했어야 했다. 그럼에도 불구하고, 그런데, 이 분이 아버지가
맞나? 예전에 그레고르가 출장여행에 내몰려 나갈 때, 피곤해
서 침대에 누워 꼼짝 않던 아버지, 저녁에 집으로 돌아오면 등
받이 의자에서 그를 잠옷 바람으로 맞던 아버지, 전혀 일어설
수도 없이, 그러나 반가움의 표시로 두 팔을 들기만 하던 아버
지, 드물게 일 년 중 몇 번 일요일이나 명절에 같이 산책을 나서

면 그레고르와 그렇지 않아도 천천히 걷는 어머니 사이에서 더천천히, 낡은 외투로 몸을 감싸고, 매번 조심스럽게 지팡이를 앞으로 놓으면서, 무언가 말을 하려면 항상 거의 가만히 서서 같이 가던 사람들을 주변에 모이게 했던 바로 그 아버지가 맞나?이제 아버지는 몸을 곧추 세우고 은행의 사환처럼 금색 단추가달린 빳빳한 푸른색 제복을 입고 있었다. 재킷의 높고 빳빳한컬러 깃 위로 그의 접힌 턱이 나와 있었다. 숱이 많은 눈썹 아래로 검은 눈의 시선은 살아 있었고 집중하고 있었다. 평소에는헝클어져 있던 흰 머리칼이 꼼꼼하고 정확하게, 가르마를 탄 빛나는 머리로 빗겨져 있었다. 은행 로고 같은 것이 금색으로 새겨진 모자를 던지자 그것은 방 전체를 가로질러 포물선을 그리면서 소파 위로 날아갔고, 아버지는 두 손은 바지 주머니에 넣고제복의 긴 외투자락을 펄럭거리면서 찡그린 얼굴로 그레고르를향해 다가왔다. 무엇을 할 계획인지 자신도 모르는 듯했다. 하여간 그는 두 발을 여느 때와 달리 높이 들어 올렸고, 그레고르는 아버지의 부츠 바닥의 거대한 크기에 놀랐다. 그러나 거기에크게 신경을 쓰지 않았다. 아버지가 자신을 매우 엄하게 대하는것은 이미 새 생활이 시작된 첫날부터 알고 있는 것이니까. 그래서 그는 아버지로부터 도망을 치다가, 아버지가 서면 멈추고 아버지가 조금만 움직이면 다시 앞으로 서둘러 나아갔다. 그렇게 그들은 여러 번 방 안을 돌았다. 어떤 결정적인 일도 일어나지 않았고, 느린 속도로 인해 이 모든 게 추격전의 인상을 주지도 않았다. 따라서 그레고르는 당분간 바닥에 머물러 있었다. 그가 벽이나 천정으로 도망치면 아버지가 그것을 나쁘게 받아들일까 두려웠기 때문이다. 그레고르는 심지어 이런 달리기가 오래가지 않을 거라고 말하지 않을 수 없었다. 아버지가 한 발짝을 걸으면 그는 수많은 움직임을 수행해야 했기 때문이다. 숨쉬기가 힘들었고, 어렸을 때부터 폐가 별로 좋지 않다는 것이 분명해지기 시작했다. 달리기 위해 온 힘을 모으느라 버둥거리면서 거의 눈을 뜨지 못했고, 둔해져서 달리는 것 외에 다른 계책은 생각나지 않았다. 지그재그 무늬가 섬세하게 새겨진 가구들이 아무렇게나 놓여있어도, 벽이 비어 있다는 것에는 생각이 미치지도 못하고 있을 때, 그때 바로 옆으로, 가볍게 날아서 무엇인가 떨어져서 그의 앞으로 굴렀다. 그것은 사과였다. 곧 두 번째 사과가 그를 향해 날아왔다. 그레고르는 겁에 질려 멈추어 섰다. 계속 달리는 것은 의미가 없었다. 아버지가 그를 폭파시키기로 결정한 것이다. 서랍장 위에 있는 과일 바구니에서 그는 주머니를 가득 채우고 그다지 정확하게 겨냥을 하지 않은 채 사과를 하나씩 던졌다. 작은 붉은색 사과들은 마치 전기에 감전된 듯이 바닥에 굴러다녔고 서로 부딪쳤다. 약하게 던진 사과가 그레고르의 등을 스쳤고 곧 별일 없이 미끄러져 떨어졌다. 뒤이어 날아온 사과는 반대로 그레고르의 등을 제대로 맞추었다. 그레고르는 계속 몸을 끌고 갔다. 마치 예상치 못한 극심한 통증이 자리를 옮기면 없어질 수 있다는 듯이. 그러나 그는 마치 그곳에 못 박힌 듯 느껴졌고 모든 감각이 뒤죽박죽이 되면서 뻗어버렸다. 그가 마지막으로 본 것은 그의 방문이 열리더니, 어머니가 소리를 지르는 여동생 앞으로 달려 나오는 것이었다. 여동생은 정신을 잃은 어머니가 숨을 쉬도록 옷을 풀어 놓았고, 속옷 차림이 된 어머니는 아버지에게로 달려갔다. 풀어헤쳐진 어머니의 치마가 하나씩 바닥에 떨어졌고, 어머니는 치마에 걸려 아버지 위로 넘어지면서 아버지를 안고 그와 한 덩어리가 되었다. 그때 그레고르의 시력은 꺼져가기 시작했고, 어머니는 두 손으로 아버지 뒷머리를 잡고 그레고르를 살려달라고 애원했다.

3

심한 부상으로 그레고르는 한 달 이상 고생했고, 아무도 빼낼 엄두를 내지 못했기 때문에 사과는 가시적인 기념물로 살에 박혀 있었다. 심하게 다친 그레고르는 지금은 슬프고 구역질나는 모습이지만, 그가 가족의 일원이고 원수처럼 대해서는 안 되며, 오히려 역겨움을 속으로 삭이고, 참고 또 참는 것이 그에 대한 가족으로서의 의무라는 것을 아버지에게도 상기시킨 듯했다.

그리고 그레고르가 그 상처로 인해 아마 기동성을 영원히 상실하고, 당분간 나이든 부상병처럼 자신의 방을 가로질러 가는 데만도 한참을 걸린다 해도—높은 곳을 기어 다니는 것은 생각조차 할 수 없었다—이렇게 자신의 상태가 악화된 데 대해 자신이 생각하기에도 충분히 보상을 받았다. 그러니까 저녁 무렵이 되면 전에는 한두 시간 전에 벌써 촉각을 곤두세우고 관찰하곤 했던 거실 방문이 열려서, 그레고르는 어두운 방 안에 엎드려 거실에서는 보이지 않게 가족들이 모두 식탁 등 아래에 앉아 있는 것을 보고, 예전과는 정반대로, 분명 모두의 동의하에 그들이 하는 말을 듣는 것이 허용되었다.

물론 그것은 그레고르가 항상 녹초가 되어 작은 호텔방의 눅눅한 침대에 몸을 던지면서 약간의 갈망을 갖고 떠올리던, 예전의 활기찬 대화는 아니었다. 이제는 대부분 매우 조용하기만 했다. 저녁 식사 후에 아버지는 푹신한 의자에 파묻혀 곧 잠이 들었고, 어머니와 여동생은 서로 조용히 하라고 주의를 주었다. 어머니는 불빛 아래로 몸을 굽히고 의상실에서 받아온 고운 천에 바느질을 하고 있었다. 판매원 자리를 얻은 여동생은 나중에 더 나은 자리를 얻기 위해 저녁에 속기와 불어를 배우고 있었다. 가끔 아버지는 잠에서 깨어 자신이 잠들었었다는 것도 모르는지 어머니에게 말했다. "오늘은 왜 이리 오래 바느질을 하는 거요!" 그리고는 곧 다시 잠이 들었다. 그러면 어머니와 여동생은 지친 기색으로 서로 웃음 지었다.

아버지는 고집을 피우며 집에서조차 제복을 벗지 않으려 했다. 잠옷이 아무런 쓸모없이 옷걸이에 걸려 있는 동안, 아버지는 제대로 차려입은 채 그 자리에서 졸고 있었다. 언제든 업무에 복귀할 준비가 되어 있고, 그 자리에서 상사의 목소리를 기다리고 있다는 듯이. 그 결과 어머니와 여동생이 온갖 신경을 썼는

데도, 애초에 새것이 아니던 제복에서는 곧 말쑥함이 사라져버렸다. 때때로 그레고르는 항상 닦아놓아 금색 단추만 번쩍이는 얼룩투성이의 제복을 저녁 내내 바라보고 있었다. 아버지는 제복을 입은 채 정말 불편하게 그러나 평온하게 잠이 들어 있었다.

괘종시계가 열시를 치자, 어머니는 조용히 아버지를 깨워서 침대로 가라고 설득하려 했다. 그것은 제대로 자는 것도 아니고, 여섯 시에 근무가 시작되는 아버지는 정말 수면이 필요했기 때문이다. 그러나 안내 일을 시작한 후로 생겨난 고집으로 아버지는 탁자에 더 앉아 있겠다고 우겼다. 그럼에도 아버지는 항상 같은 시간에 잠이 들어버려 의자에서 침대로 옮겨가도록 하려면 무척이나 힘이 들었다. 그럴 때면 어머니와 여동생은 잔소리를 하면서 부드럽게 종용해도, 아버지는 눈을 감은 채 15분 동안 천천히 고개를 저으며 그 자리에서 일어나지 않았다. 어머니는 아버지의 소매를 잡아당기고 귀에 대고 어르듯이 말을 했고, 여동생은 어머니를 돕기 위해, 하던 숙제를 내려놓았다. 그러나 이것도 아버지에게는 먹히지 않았다. 그는 더 깊숙이 의자에 파묻혔고, 두 여자가 그의 겨드랑이 아래로 팔을 밀어 넣으면 그제서야 눈을 뜨고 어머니와 여동생을 번갈아 쳐다보면서 이렇게 말하곤 했다. "사는 게 이런 거지. 늙어서 쉬는 거라고." 그리고 두 여자의 부축을 받으며 일어서서, 스스로도 자신이 커다란 짐이 된다는 듯이 힘겹게 문까지 두 여인의 안내를 받았고, 그곳에서 손짓으로 그들을 물리고 혼자 계속해서 걸어갔다. 그동안 어머니는 바느질감을, 여동생은 펜을 급히 던지고는 아버지를 도우려고 그 뒤를 따라 달려갔다.

일하느라 이렇게 지치고 피곤한데 가족 중 어느 누가 필요 이상으로 그레고르를 돌봐줄 시간이 있겠는가? 살림은 점점 더 빠듯해졌다. 결국 하녀도 내보내야 했고 몸집이 크고 뼈대가 억센 파출부가 아침, 저녁으로 힘든 일을 도와주기 위해 흰 머리칼을 흩날리면서 집으로 왔다. 그 외 모든 일은 어머니가 바느질을 많이 하면서 해냈다. 심지어 예전에 행사나 명절에 어머니와 여동생이 하고 나가면서 좋아했던 집안의 패물까지도 팔았다. 그레고르는 저녁에 그 대가로 받은 돈에 대해 이런저런 이야기가 오가는 데서 그 사실을 알게 되었다. 그러나 가장 큰 고충은 지금의 상황에 비해 너무나 큰 이 집을 떠날 수 없다는 것이었다. 그레고르를 어디로 옮겨야 할지 아이디어가 없었기 때문이다. 그러나 그레고르는 이사를 못하는 것이 자신을 생각해서 그런 것만은 아니라는 것을 잘 알고 있었다. 그레고르에게 맞는 상자에다 공기구멍을 내면 쉽게 옮길 수 있을 테니까. 가족들의 이사를 가로막는 주요한 이유는 완전한 절망과 자신의 친척이나 지인들 중 누구도 겪지 못한 불행이 자신들을 덮쳤다는 생각이었다. 세상이 가난한 사람들에게 요구하는 것을 그들은 최대한 해주고 있었다. 아버지는 낮은 직급의 은행원들에게 아침 식사를 가져다주고, 어머니는 다른 사람들의 빨래를 했고, 여동생은 손님들의 명령에 따라 진열대 뒤를 이리저리 뛰어다녔다. 그러나 가족들의 힘으로는 그 이상 할 수 없었다. 그리고 등에 난 그레고르의 상처는 마치 새로 난 상처처럼 다시 아프기 시작했다. 어머니와 여동생이 아버지를 침대로 데려다 주고 돌아와서, 일감을 놓은 채, 서로 바짝 다가앉아 얼굴을 마주대고, 어머니가 그레고르의 방을 가리키면서 "저 문을 닫아라, 그레테"라고 말할 때. 그래서 다시 그레고르가 어둠 속에 있게 되고, 그 옆방에서 여자들이 눈물을 흘리거나 눈물 없이 식탁을 응시할 때면.

그레고르는 여러 날을 도통 잠을 자지 못했다. 그레고르는 때때로 다음번에 문이 열리면 예전처럼 가족들의 일을 다시 도맡을 생각을 하기도 했다. 한참 지나고 그의 생각 속에는 다시 사장과 지배인, 점원과 견습생, 말귀를 통 못 알아듣는 사환, 다른 회사의 친구 두세 명, 지방 호텔의 메이드, 사랑스럽고 흐릿하게 기억에 남아 있는, 진지하게 그러나 너무 긴 시간 동안 구혼했던 모자가게의 점원이 다시 등장했다. 이들은 모두 낯선 사람들, 또는 이미 잊어버린 사람들과 함께 뒤섞였다. 그러나 그들은 자신과 가족을 돕기는커녕 전혀 닿을 수는 없는 사람들로,

차라리 사라져버린다면 기쁠 것이다. 그러다가 곧 가족을 염려할 기분이 전혀 아니었고, 형편없는 대접에 대한 분노만이 그를 가득 채웠다. 그리고 무엇을 먹고 싶은지 스스로도 알 수 없었지만, 어떻게 하면 음식물 창고로 가서, 배가 고프지는 않지만, 자신에게 맞는 것을 먹을 수 있을지 계획을 세웠다. 특별히 어떤 것이 그레고르의 마음에 들지, 더 이상 고민하지 않고 여동생은 가게로 가기 전 아침과 점심때 그레고르의 방 안으로 재빨리 아무것이나 먹을 것을 발로 밀어 넣었다. 반대로 저녁에는 음식이 없어졌는지 아닌지, 대부분 거의 손을 대지 않았는데도, 이에 개의치 않고 빗자루를 흔들면서 밖으로 비질을 했다. 이제 여동생은 항상 저녁에 방 치우는 일을 했는데, 그보다 더 빠를 수 없을 것이다. 벽을 따라 더러운 얼룩이 줄지어 있었고, 여기저기 먼지뭉치와 쓰레기가 널려 있었다. 처음에 그레고르는 여동생이 오면 특히 더러운 구석에 자리를 잡아, 자신의 위치를 통해 동생에 대한 비난을 분명하게 했다. 그가 몇 주 동안 그곳에 그대로 있더라도 여동생은 나아질 것 같지 않았다. 그레고르와 마찬가지로 여동생은 쓰레기를 똑똑히 보았지만, 그대로 내버려 두기로 결정했다. 가족 모두가 예민해져 있었고, 게다가 여동생은 그레고르의 방을 치우는 것은 자신의 일이라는 데 대해 신경을 곤두세우고 있었다. 한번은 어머니가 그레고르의 방을 대대적으로 청소했는데, 물을 몇 양동이나 쓴 후에야 그 일을 마칠 수 있었다. 그레고르도 물기가 많아서 괴로웠고, 기분이 상한 그는 꼼짝 않고 소파 아래에 납작하게 누워 있었다. 그러나 그 일은 그냥 지나가지 않았고 어머니는 그 일에 대한 벌을 받았다. 저녁에 여동생이 그레고르의 방에 일어난 변화를 알게 되었고, 몹시 기분이 상해 거실로 달려가서, 어머니가 두 손을 들고 애원을 하는 데도, 울음이 폭발했고, 물론 아버지도 자신의 소파에서 일어났다. 부모님은 처음에는 놀라 어쩔 줄 몰라 지켜보기만 했다. 아버지는 오른편으로는 어머니를 향해 그레고르의 방청소를 여동생에게 맡기지 않았다고 비난했고, 왼편으로는 여동생에게 다시는 그레고르의 방을 치우지 말라고 소리 지르고 있었다. 어머니는 몹시 흥분한 아버지를 침실로 끌고 가려 했고, 훌쩍거리는 여동생은 작은 주먹으로 탁자를 내리쳤다. 그리고 그레고르는 자신이 이런 광경을 보거나 이 소음을 듣지 않도록 문을 닫아줄 생각을 아무도 하지 않는데 대해 너무 화가 나서 크게 쉭쉭거렸다.

그러나 여동생이 직장 일에 지쳐서 그레고르를 이전처럼 돌보는 일이 지겨워졌다고 해도, 아직은 어머니가 여동생을 대신해서도 안 되었고 그렇다고 그레고르가 소홀히 대접받을 필요도 없었다. 왜냐하면 파출부가 있었기 때문이다. 오랜 세월 동안 튼튼한 뼈대 덕분에 힘든 일들을 극복했을 법한 나이든 과부는, 그레고르에 대해 어떠한 혐오감도 갖고 있지 않았다. 파출부는 별 호기심 없이 우연히 그레고르의 방문을 연 적이 있었는데, 그레고르가 아무도 쫓지 않는데 소스라치게 놀라서 이리저리 달리기 시작한 모습을 보고 무릎 앞에 깍지를 끼고 놀랍다는 듯이 서 있었다. 이후로 그녀는 항상 아침저녁으로 흘낏 문을 조금 열어놓고 그레고르를 들여다보는 일을 빠뜨리지 않았다. 처음에는 그것도 상냥하게 건넨다고 하는 말인지, 이렇게 그를 불렀다. "이리 와봐, 늙은 말똥구리!" 또는 "저 늙은 말똥구리 좀 보게!" 그렇게 말을 거는 것에 그레고르는 아무런 대답도 하지 않았다. 그냥 그 자리에서 움직이지 않고 가만히 있었다. 마치 문이 열리지 않았다는 듯이. 자신의 기분에 따라 쓸데없이 그레고르를 방해하는 대신, 매일 방청소나 하라고 가정부에게 지시하면 좋을 텐데! 한번은 아마 다가오는 봄의 신호인지, 아침 일찍 세찬 빗방울이 창을 때렸고, 가정부가 다시 그런 애칭을 말하기 시작할 때 그레고르는 너무나 기분이 상해서 마치 공격이라도 하려는 듯, 하지만 천천히 휘청거리면서 그녀를 향해 몸을 돌렸다. 가정부는 그러나 무서워하는 대신, 문 가까이에 있는 의자를 높이 들고서, 그렇게 입을 크게 벌리고 서 있는 것은 그 손으로 의자를 던져 그레고르의 등을 맞추면 그때서야 입을 다물 것이라는 의도가 분명해졌다. 그레고르가 다시 방향을 돌렸을 때, "그래, 더 이상 안 되겠지?"라고 가정부가 말하며 조용히 의자를 구석에 내려놓았다.

그레고르는 이제 거의 아무것도 먹지 않았다. 차려놓은 음식 옆을 우연히 지나가다가 장난삼아 조금만 입안에 넣고 여러 시간을 물고 있다가 다시 내뱉기도 했다. 자신이 먹지 못하는 것은 자신의 방이 처한 상황에 대한 슬픔 때문이라고 생각하기도 했지만, 방의 변화에 대해서는 금방 화해를 했다. 사람들은 더 이상 어쩌지 못하는 물건들을 그의 방에 갖다 놓기 시작했고, 방 하나를 세 명의 남자에게 세를 주었기 때문에 그런 물건이 많아졌다. 근엄해 보이는 세입자들은 세 사람 모두 얼굴에 온통 수염이었고, 그레고르가 한번 문틈으로 살펴본 결과, 정리 정돈에 까다롭게 굴었다. 세든 방뿐만 아니라 온 집안 살림, 특히 부엌의 정돈에도 까다로웠다. 그들은 쓸모없는 또는 더러운 고물을 견디지 못했다. 게다가 대부분 각자의 가구들을 가져왔다. 이런 이유로 많은 물건들이 필요 없게 되었고, 팔 수 있는 것도 아닌데다 버릴 수도 없었다. 그래서 이것들은 그레고르의 방 안으로 들어왔다. 마찬가지로 음식물 쓰레기나 쓰레기통도 부엌에서 왔다. 파출부, 항상 분주한 파출부는 당장 필요 없는 것들을 그레고르의 방 안으로 간단히 던져 넣었다. 그나마 다행인

것은 해당되는 물건과 그것을 들고 있는 손만 그레고르에게 보였다는 것이다. 파출부는 아마 시간과 기회를 보아 그 물건들을 다시 가져가거나 한꺼번에 밖으로 내갈 생각인 듯했다. 그러나 실제로는 기어 다닐 공간이 더 이상 없어서 그레고르가 잡동사니 사이를 누비고 다니고 있었고, 처음에는 할 수 없이, 나중에는 점점 더 재미를 붙여 그것들을 옮기지 않았다면, 그것들은 가정부가 처음에 던진 바로 그곳에 그대로 있었다. 그렇게 돌아다니고 나면 그레고르는 피곤해 죽을 지경이거나 슬퍼져서 더 이상 움직이지 않았다.

이따금 하숙인들이 저녁 식사를 거실에서 할 때면, 그날 저녁은 거실 문이 닫혀 있었다. 그러나 그레고르는 문 열기를 순순히 포기했다. 아니 문이 열려있는 날 저녁에도 그 기회를 이용하지 않았고 대신 방의 가장 어두운 구석에 누워있었다. 가족들은 이를 눈치 채지 못했다. 그런데 한번은 가정부가 거실로 향하는 문을 조금 열어 두었고, 저녁에 하숙인들이 들어와서 불을 켰을 때 거실 문이 조금 열린 채로 있었다. 그들은 예전에 아버지, 어머니, 그레고르가 앉았던 식탁의 상석에 앉아 냅킨을 펴고 나이프와 포크를 집었다. 곧 문가에 어머니가 고기가 담긴 접시를 들고, 바로 그 뒤로 여동생이 감자가 가득 담긴 접시를 높이 들고 나타났다. 음식에서는 강한 향과 함께 김이 피어오르고 있었다. 하숙인들은 식사 전에 감독을 하듯이 자신들 앞에 놓인 접시에 몸을 굽혔고, 실제로 나머지 두 사람의 대장으로 통한다는 듯이 가운데에 앉은 사람이 그것이 충분히 연한지, 혹은 다시 부엌으로 돌려보내야 할지 보려는 듯 접시에서 고기 한 조각을 잘랐다. 그는 흡족해했고 긴장해서 쳐다보던 어머니와 여동생은 한숨을 내쉬며 미소 짓기 시작했다.

가족들은 부엌에서 식사를 했다. 그럼에도 아버지는 부엌으로 가기 전에 손에 모자를 들고 그 방에 들어와서 머리를 한 번 숙인 후에 식탁 주위를 한 바퀴 돌았다. 하숙인들은 모두 일어나서 수염 속으로 무언가를 중얼 거렸다. 곧 그들만 남게 되면, 거의 말없이 식사를 했다. 그레고르에게는 식사 중의 갖가지 소리들 중 음식을 씹느라 이빨 부딪치는 소리가 자꾸 들리는 것이 기이했다. 마치 그레고르에게 사람은 먹기 위해 이빨이 필요하고 이빨이 없이는 멋진 턱은 아무것도 할 수 없다는 것을 보여주려는 듯했다. '나도 식욕이 있어. 그렇지만 이런 것들에는 아니야. 하숙인들처럼 먹다가는 나는 죽고 말거야!'라고 그레고르는 슬픔에 잠겨 혼자 말했다.

그레고르는 바이올린 소리를 들었던 기억이 없었는데, 바로 이날 저녁 부엌에서 바이올린 소리가 흘러 나왔다. 하숙인들은 이미 저녁 식사를 마쳤다. 가운데 남자는 신문을 꺼내 다른 두 남자에게 각각 신문 한 장씩을 주었고, 그들은 의자에 등을 기대고 담배를 피면서 신문을 읽었다. 바이올린 연주가 시작되자 그들은 주의를 기울이더니 일어서서 발끝으로 문가로 가서 나란히 바짝 붙어 섰다. 부엌에서 그들 소리가 들린 것인지, 아버지가 말을 했다. "연주가 마음에 안 드십니까? 당장 그만두도록 하지요." "정반대입니다."라고 가운데 남자가 말했다. "숙녀분이 저희 쪽으로 와서 여기 이 방에서 연주를 하시죠? 여기가 훨씬 더 편안하고 쾌적합니다." "아, 네."라고 아버지가 마치 자신이 연주자인 양 말했다. 남자들은 방으로 돌아가서 기다렸다. 곧 아버지가 악보대를, 어머니는 악보를, 여동생은 바이올린을 가지고 왔다. 여동생은 연주를 위해 모든 것을 조용히 준비했다. 이전에 부모님은 한 번도 방을 세 준적이 없었고 그래서인지 하숙인들에 대한 예의가 지나쳐서 소파에 앉을 생각도 못하고 있었다. 아버지는 문가에 기대서서, 단추를 채운 제복 상의의 단추 두 개 사이에 오른손을 꽂고 서 있었다. 어머니는 하숙인 하나가 건네 준 의자를 받았고, 그 사람이 아무렇게나 놓아둔 그 자리에 그대로, 한쪽 구석에 떨어져 앉았다.

여동생은 연주를 시작했다. 아버지와 어머니는 각자 자신의 자리에서 세심하게 여동생의 손놀림을 지켜보았다. 그레고르는 연주에 이끌려 몸을 조금 내밀었고, 머리는 이미 거실 안에 있었다. 자신이 최근에 다른 사람에 대해 별로 신경을 쓰지 않았던 것에 대해 거의 놀라지 않았다. 전에는 이런 관심은 그에게는 자부심이었는데 말이다. 그리고 게다가 바로 지금은 스스로 몸을 숨겨야 될 더 많은 이유가 있었을 것이다. 자기 방 여기저기에서 조금만 움직여도 날아다니는 먼지 때문에 그는 온통 먼지투성이였다. 그는 등과 옆구리에 실밥, 머리칼, 음식 찌꺼기를 붙인 채 끌고 다니고 있었다. 이 모든 것에 대한 그의 무심함은 너무나 지대해서 전처럼 하루에도 여러 번 누워 등을 카펫에 문지르는 것도 하지 않을 정도였다. 이런 상태에도 불구하고 그는 티끌 하나 없는 거실 바닥으로 몸을 끌고 나아가는 데 전혀 거리낌이 없었다.

그런데 아무도 그의 존재를 눈치 채지 못했다. 가족들은 온전히 바이올린 연주에만 정신이 가 있었다. 반대로 하숙인들은 처음에는 두 손을 바지에 꽂은 채 악보를 볼 수 있을 정도로 여동생의 악보대 뒤에 바싹 다가 서 있었다. 분명 여동생에게 방해가 되었을 텐데도 말이다. 그러더니 곧 머리를 숙이고 낮은 소리로 대화를 하면서 창가로 물러나 그곳에 서 있었다. 아버지는 이를 근심스레 바라보았다. 그것은 아름답고 유쾌한 바이올린 연주를 들을 수 있을 거라는 가정이 빗나간 실망과 이제는 연주를 실컷 들었고, 예의상 그들의 휴식을 방해하도록 내버려

두고 있다는 것이 너무나도 분명한 태도였다. 모두들 코와 입으로 궐련의 연기를 공중으로 뿜어내는 데서 무엇보다 초조함을 읽어낼 수 있었다. 여동생이 저토록 아름답게 연주를 하는데 말이다. 여동생의 얼굴은 옆으로 기울어져 있고, 탐색하듯 슬픈 시선은 악보의 행을 따라가고 있었다. 그레고르는 조금 더 앞으로 기어가서 가능하다면 그녀의 시선과 마주치기 위해 머리를 바닥에 붙였다. 이렇게 음악에 매료되는데 그가 동물이란 말인가? 그에게는 자신이 갈망하던 미지의 양식으로 가는 길이 보이는 듯했다. 그는 여동생 앞으로 밀고 들어가 치마에 매달려서, 바이올린을 들고 자신의 방으로 와달라는 뜻을 전하기로 마음먹었다. 왜냐하면 여기에 있는 어느 누구도 자신만큼 연주의 가치에 보답하는 사람이 없기 때문이다. 여동생을 더 이상 자신의 방에서 내보내지 않을 것이다. 적어도 자신이 사는 동안에는. 자신의 끔찍스러운 형상은 처음으로 쓸모가 있을 터였다. 방의 모든 문에 붙어서 있다가 공격에 맞서서 침을 뱉을 것이다. 그러나 여동생은 강요가 아니라 자발적으로 내 곁에 머물러야 한다. 그녀는 내 곁에, 소파 위에 앉아야 한다. 나에게 귀를 기울이고. 그러면 내가 여동생을 음학원에 보낼 확고한 의도가 있었음을, 그 사이에 이런 불행이 닥치지 않았더라면, 지난 크리스마스 때,—크리스마스는 이미 지나갔나?—모두에게 말을 했을 것이고, 어떠한 반대도 신경 쓰지 않았을 것임을 털어놓으려 했다. 설명을 하고 나면 여동생은 감동하여 눈물을 쏟을 것이고, 그레고르는 여동생의 어깨까지 몸을 일으켜 목덜미에 입을 맞출 것이다. 가게에 나가 일을 하면서부터 그녀의 목은 리본이나 컬러 없이 그대로 드러나 있었다.

"잠자 씨!" 가운데 남자가 아버지를 불렀고, 다른 말은 하지 못하고 집게손가락으로 천천히 앞으로 움직이는 그레고르를 가리켰다. 바이올린 소리가 멈추었고, 가운데 하숙인이 먼저 머리를 흔들면서 친구들을 향해 웃었고, 다시 그레고르 쪽을 한 번 더 쳐다보았다. 아버지는 그레고르를 쫓아내는 것보다는 우선 하숙인들을 진정시킬 필요가 있다고 생각한 듯했다. 하숙인들은 전혀 동요하지 않았고, 바이올린 연주보다 그레고르가 그들을 더 즐겁게 해주는 듯했는데도 말이다. 아버지는 하숙인들에게로 달려가서 두 팔을 벌려 그들을 방으로 밀어 넣었고, 동시에 자신의 몸으로 가로막고 그레고르를 보지 못하도록 했다. 이제 그들은 진짜로 약간 화가 났다. 그것이 아버지의 행동 때문인지 아니면 옆방에 그레고르와 같은 이웃이 있는 줄 몰랐다는 생각이 들어서인지는 알 수 없었다. 그들은 아버지에게 해명을 요구했고 그들 쪽에서도 팔을 쳐들었다. 그리고 불안한지 수염을 잡아당기고, 천천히 그들의 방 쪽으로 물러났다. 그동안 여동생은 갑자기 연주가 중단돼 당황해 하다가, 곧 이를 극복하고 한동안 두 손에 바이올린과 활을 늘어뜨리고는 마치 다시 계속 연주를 하려는 듯이 악보를 들여다보다가 단번에 정신을 차리고서는, 격하게 움직이는 폐로 힘겹게 숨을 쉬며 의자에 앉아 있는 어머니의 무릎 위에 악기를 놓고 옆방으로 달려갔다. 하숙인들은 아버지에 의해 몰려 더 빨리 옆방으로 가까이 가고 있었다. 여동생의 능숙한 손놀림으로 침대 위로 베개와 방석이 이리저리 날아다니며, 정리되는 것이 보였다. 하숙인들이 그들의 방에 도달하기 전에 여동생은 이미 침대 정리를 끝내고 방에서 나왔다. 아버지는 다시 고집에 사로잡혀서 매번 하숙인들에게 보여주었던 모든 예의를 잊어버렸다. 그는 몰아대기만 했고, 가운데 하숙인이 문에서 두 발을 쾅하고 구를 때까지 몰아댔다. 이로 인해 아버지는 멈춰 섰다. 그 하숙인은 손을 들었고, 시선은 어머니와 여동생을 찾으며 말했다. "이 집과 가족들을 뒤덮고 있는 역겨운 상황을 고려해서 말하는데"—이 대목에서 그는 결연하게 바닥에 침을 뱉고는—"이 방을 당장 해약하겠소. 물론 여기 살았던 기간에 대해서도 돈을 내지 않겠소. 아니, 당신들을 상대로 소송을 제기할까 생각 중이오. 무엇이 되건 그 근거는 아주 쉽게 찾을 수 있을 거요. 이건 진심이오."라고 말했다. 그는 입을 다물고 마치 무언가를 기다린다는 듯이 앞을 바라보았다. 실제로 곧 두 친구들이 끼어들었다. "우리도 당장 나가겠소." 이 말에 가운데 하숙인은 문고리를 잡고 쾅 소리를 내면서 문을 닫았다.

아버지는 흔들리는 몸으로 손으로 더듬으며 자신의 의자로 가서 주저앉았다. 평소처럼 저녁잠이 들어 사지를 쭉 뻗고 있는 것처럼 보였다. 그러나 마치 지지대를 잃어버린 듯이 강하게 흔들어대는 머리는 그가 자고 있지 않다는 것을 보여주었다. 그레고르는 그 시간 내내 하숙인이 자신을 발견한 바로 그 자리에 있었다. 자신의 계획이 실패한 데 대한 실망과 더불어 너무 많이 굶어서 허약해진 탓인지, 움직일 수가 없었다. 그리고 곧 다음 순간 모두들 자신을 향해 몰려올 것을 거의 확신하고 두려워하면서 기다리고 있었다. 어머니의 떨리는 손가락 사이에서 빠져나와 무릎에서 떨어지며 울림을 만들어낸 바이올린도 그를 놀라게 하지 않았다.

"어머니, 아버지"라고 여동생이 말했고, 말을 꺼내기 위해 손으로 탁자를 쳤다. "더 이상 이렇게 지낼 수는 없어요. 그걸 두 분이 모르신다면, 저는 아니에요. 저는 이 괴물 앞에서 오빠의 이름을 꺼내지 않겠어요. 그러니까 그냥 말할게요. 우리는 저걸 없애야 해요. 우리는 저것을 돌보고 견디느라, 사람으로서 할 수 있는 일은 다 했어요. 제 생각에는 어느 누구도 우리를 조금도 비난하지 못할 겁니다."

"저 애 말이 천 번 옳아."라고 아버지가 뇌까렸다. 어머니는 아직 충분히 호흡을 가다듬지 못하고, 혼란스러운 시선으로 두 손으로 입을 가리고 둔탁한 소리를 내며 기침을 하기 시작했다.

여동생은 어머니에게로 달려가서 이마를 짚어보았다. 여동생의 말에 아버지는 더 구체적인 생각에 다다른 듯했다. 몸을 똑바로 세우더니, 하숙인들의 저녁 식사가 차려진 식탁 위에서 안내원의 모자를 만지작거렸다. 그리고 이따금씩 가만히 있는 그레고르를 건너다보았다.

"우리는 저걸 없애야 해요."라고 여동생은 이제는 오직 아버지를 향해 말했다. 어머니가 기침을 하느라 아무것도 듣지 못했기 때문이다. "저건 두 분을 죽게 만들 거예요. 그럴 거라는 걸 전 알아요. 우리가 이렇게 힘들게 일을 해야 하는데도, 거기에다 집에서도 영원히 고통을 당한다는 건 어느 누구든 견딜 수가 없어요. 저도 더 이상은 못하겠어요." 그리고 그녀는 격하게 울음을 터뜨렸다. 눈물이 어머니의 얼굴 위로 떨어졌고, 그녀는 기계적으로 손을 움직여 눈물을 닦아냈다.

"얘야."라고 아버지는 안쓰러워하면서 특히 이해심을 갖고 말했다. "우리가 어떻게 해야겠니?"

여동생은 지금까지의 단호함과는 반대로 우는 동안 어찌

할 바를 모르겠다는 감정에 사로잡혔고 그 표시로 어깨를 들썩거렸다.

"저 아이가 우리를 이해할 수만 있다면" 아버지는 묻는 것처럼 말했다. 그러나 여동생은 눈물을 그치고 격하게 그런 생각은 할 수도 없다는 듯 손을 저었다.

"우리를 이해할 수만 있다면" 아버지가 되풀이했고, 두 눈을 감음으로써 여동생이 불가능하다고 설득한 것을 받아들였다. "그렇다면 저 아이와의 합의가 가능할 텐데. 저 상태로는—"

"없어져야 해요."라고 여동생이 소리쳤다. "아버지, 이것이 유일한 방법이에요. 저것이 그레고르라는 생각만 없애면 되요. 우리가 그렇게 오랫동안 믿었던 것이 우리의 유일한 불행이에요. 그렇지만 어떻게 저것이 그레고르일 수가 있죠? 만약 저것이 그레고르라면 저런 동물과 사람이 같이 산다는 것이 불가능하다는 것을 진작에 알았을 테고, 자진해서 가버렸을 거예요. 그러면 우리에게 오빠는 없지만, 우리는 계속 살아나갈 수 있고 그에 대한 좋은 기억은 간직할 수 있겠죠. 그렇지만 이 동물이 우리를 쫓아다니고, 하숙인들을 쫓아버리고, 온 집안을 차지해서는 우리를 길거리에 나앉게 만들겠죠. 보세요, 아버지" 여동생이 갑자기 소리 질렀다. "다시 시작했어요!" 그레고르로서는 전혀 이해할 수 없는 두려움에 사로잡힌 여동생은 어머니 곁을 떠나

의자에서 껑충 튀어 올랐다. 그레고르 가까이에 있느니 차라리 어머니를 희생시키겠다는 듯이. 그리고 아버지 뒤로 달려갔다. 아버지는 여동생의 행동에 동요해서 마찬가지로 일어서서 여동생을 보호하려는 듯 그 앞에서 두 팔을 반쯤 들었다.

그러나 그레고르는 어느 누구에게든, 여동생에게도 겁을 줄 생각은 전혀 없었다. 그는 단지 다시 방향을 돌려 방으로 들어가려 했고 자신의 고통스러운 상황에서 방향을 돌리기가 힘들어서 자기 머리의 도움을 받느라 시선을 끌었을 뿐이다. 그는 여러 번 머리를 들고 바닥을 내리쳤다. 그는 동작을 멈추고 주위를 둘러보았다. 그의 선한 의도는 인정을 받은 듯했다. 그것은 순간적인 두려움이었던 것이다. 이제 모두들 침묵하고 슬픈 눈으로 그를 쳐다보았다. 어머니는 의자에 앉아 바싹 붙인 두 다리를 쭉 뻗고 있었고 지쳐서 두 눈을 거의 감고 있었다. 아버지와 여동생은 나란히 앉았고, 여동생의 손은 아버지의 목을 감고 있었다.

'이제 아마 돌아도 되겠지.' 그레고르는 생각하고 다시 그의 일을 시작했다. 그는 힘들어서 헉헉거리는 소리를 누를 수가 없었고 간간이 쉬어야만 했다. 하여간 그를 몰아대지는 않았다. 모든 것은 그에게 맡겨졌다. 그러나 방향을 돌리는 것을 마치고, 그는 똑바로 되돌아가기 시작했다. 방으로부터의 거리가 이렇게 먼 것에 놀랐고, 힘이 빠진 상태에서 조금 전과 같은 그 길을 그 짧은 시간 안에 어떻게 눈에 띄지 않고 갈 수 있었는지 알 수가 없었다. 계속 재빨리 기어가야겠다는 생각을 하면서, 자신을 방해하는 말 한마디, 어떤 외침도 가족들에게서 나오지 않는 것에는 주의를 기울이지 않았다. 문에 왔을 때서야 그는 머리를 조금 돌렸다. 목이 뻣뻣해지는 느낌이었기 때문이다. 그리고 여동생만 일어섰을 뿐 자신의 뒤로 아무런 변화가 없는 것을 보았다. 그의 마지막 시선은 완전히 잠이 든 어머니를 스쳐 지나갔다.

방 안으로 들어가자마자, 재빨리 문이 닫혔고 단단히 잠기더니 폐쇄되었다. 자신의 뒤에서 나는 갑작스러운 소음에 그레고르는 놀라서 자신의 작은 발들이 꺾였다. 그렇게 서두른 것은 여동생이었다. 여동생은 이미 거기에서 꼿꼿이 서서 기다렸고, 가벼운 발걸음으로 앞으로 달려갔다. 그레고르는 여동생이 오는 소리를 듣지 못했다. 그리고 "드디어!"라고 그녀는 열쇠를 꽂고 돌리면서 부모님을 향해 외쳤다.

"자 이제는?" 그레고르는 자신에게 묻고는 어둠 속을 돌아보았다. 그는 곧 자신이 전혀 움직일 수 없다는 것을 발견하게 되었다. 그는 그것이 놀랍지 않았고, 지금까지 정말로 이런 가느다란 다리로 움직일 수 있었다는 것이 오히려 부자연스럽게 다가왔다. 게다가 그는 비교적 편안한 느낌이었다. 온 몸에 통증이 있기는 했지만, 그 통증이 점차 약해지고 마침내 사라지는 것 같았다. 그의 등에 박힌 썩은 사과와 그 주위의 염증은 얇은 먼지에 뒤덮여 이제는 거의 느껴지지 않았다. 그는 자신의 가족을 감동과 사랑을 갖고 추억했다. 자신이 사라져야 한다는 것에 대한 생각은 아마 여동생보다 더 확고했다. 그는 이런 공허하고 평화로운 생각을 하면서, 그 상태에서 새벽에 탑시계가 세 번을 칠 때까지 있었다. 창문 앞, 바깥이 밝아오기 시작하는 것까지 보았다. 그리고 그의 머리는 자신의 의지와는 상관없이 완전히 떨어졌고, 그의 콧구멍에서 마지막 호흡이 가늘게 흘러 나왔다.

이른 아침 파출부가 왔을 때, 이미 여러 번 그러지 말라고 부탁을 했지만, 파출부는 세차게 서둘러 집안의 모든 문을 닫았고, 온 집안은 파출부가 오는 소리로 조용히 잘 수가 없었다. 그녀는 평상시처럼 그레고르를 잠깐 들여다보았고, 처음에 특별한 것은 발견하지 못했다. 그녀는 그레고르가 아마 일부러 움직이지 않고 누워서 마음이 상한 것처럼 하고 있다고 생각했다. 파출부는 그레고르가 모든 가능한 이성을 가지고 있다고 믿었던 것이다. 마침 손에 긴 빗자루를 들고 있었기에, 그것으로 그녀는 문에서 그레고르를 간지럼 태웠다. 그것도 소용이 없자, 화가 나서 그레고르를 찔렀고 아무런 저항 없이 그레고르가 그 자리에서 밀려나자 그녀는 자세히 들여다보았다. 곧 상황을 알게 되자,

그녀는 두 눈을 크게 뜨고 휘파람을 불면서 오랫동안 머물지 않고 곧 침실의 문을 거칠게 열어 큰 소리로 어둠 속으로 외쳤다. "와 보세요. 뻗었어요. 저기 있어요, 완전히 뻗어 버렸어요!"

잠자 씨 부부는 침대에서 일어나 앉아 있었고 파출부가 하는 말을 이해하기 전에 파출부의 놀라움을 가라앉히려 했다. 잠자 씨와 부인은 각자 자리에서 서둘러 일어나, 잠자 씨는 이불을 어깨 위로 걸치고, 부인은 잠옷 바람으로 튀어 나왔다. 그렇게 그들은 그레고르의 방으로 들어섰다. 그동안 거실 문도 열려 있었는데, 하숙인들이 들어온 이후로 그레테는 그 안에서 잠을 잤다. 그녀는 마치 잠을 자지 않은 듯이 옷을 다 차려입고 있었다. 그녀의 창백한 얼굴도 이를 입증하는 듯했다. "죽었어요?"라고 잠자 부인이 말하고 묻는 얼굴로 가정부를 쳐다보았다. 비록 그녀가 모든 것을 살펴보았고 그러지 않아도 알 수 있었음에도. "제 말이 그렇다니까요."라고 가정부가 말하고 그 증거로 그레고르의 시신을 빗자루로 다시 한 번 크게 옆으로 밀쳤다. 잠자 부인은 비질을 막으려는 듯한 동작을 했지만 그러지는 않았다. "이제 하느님께 감사를 드리자."라고 잠자 씨가 말하고 십자가를 그었다. 세 여자는 그를 따라 했다. 그레테는 시체에서 시선을 돌리지 않고, 말했다. "보세요, 얼마나 말랐는지. 오랫동안 아무것도 먹지 않더니. 먹을 것은 가지고 간 그대로 나왔죠." 실제로 그레고르의 몸은 정말 납작했고 말라 있었다. 사람들은 그제야 비로소 그가 더 이상 발로 서 있지 않고, 그 외에는 별달리 시선을 끄는 것이 없다는 것을 알 수 있었다.

"가자, 그레테, 잠깐 우리 방으로 들어와."라고 잠자 부인이 슬픔이 담긴 웃음을 지으며 말했다. 그리고 그레테는 시체를 돌아보지 않고 부모님을 따라 침실로 들어갔다. 파출부는 문을 닫고 창문을 완전히 열었다. 이른 아침인데도 상쾌한 공기는 미지근한 기운과 뒤섞여 있었다. 때는 이미 3월 말이었다.

방에서 세 명의 하숙인이 나오더니 서로 놀라면서 아침 식사를 찾았다. 모두들 그들을 잊은 것이다. "아침 식사는 어디 있죠?"라고 가운데 남자가 짜증스레 파출부에게 물었다. 그러나 파출부는 손가락을 입에 갖다 대며, 말을 하지 않고 남자들에게 그레고르의 방으로 오라고 재빨리 신호를 했다. 그들은 두 손을 조금 낡은 외투 주머니에 넣고 그리로 갔고, 이미 날이 밝은 그레고르의 방에서 그 시체 주위에 섰다.

그때 침실의 문이 열리더니 잠자 씨가 제복을 입고 한 팔에는 아내를, 다른 팔에는 딸을 데리고 나타났다. 모두들 눈물을 흘린 듯했다. 그레테는 그때까지 얼굴을 아버지의 팔에 묻고 있었다.

"당장 내 집을 떠나시오!"라고 잠자 씨가 말하고 여자들을 떼어 놓지 않은 채 문을 가리켰다. "무슨 말씀이신지?"라고 가운데 남자가 약간 당황해서 나긋하게 웃으면서 말했다. 다른 두 사람은 두 손으로 뒷짐을 지고 쉴 새 없이 비비고 있었다. 즐거운 마음으로 큰 싸움 그러나 자신들에게 유리하게 끝날 싸움을 기대하고 있다는 듯이. "말씀 드린 그대로입니다." 잠자 씨가 대답하고 두 여인과 함께 일렬로 하숙인들을 향해 갔다. 하숙인은 우선 가만히 서 있다가 머릿속에서 사물들이 새로운 질서를 만들어낸다는 듯이 바닥을 내려다보았다. "그럼 나가지요."라고 말하고는 잠자 씨를 쳐다보았다. 마치 이런 결정에 갑작스럽게 비굴해져서 새로운 허가라도 필요하다는 듯이. 잠자 씨는 그에게 두 눈을 크게 뜨고 그냥 머리를 짧게 여러 번 끄덕였다. 곧 그 남자는 긴 걸음으로 현관방으로 갔다. 두 친구들의 손은 이미 동작을 그만두고 잠잠해졌고, 그들은 귀를 기울이고 있다가 잠자 씨가 현관방으로 들어와 그들 앞에서 대장과의 관계를 망칠까 겁이 난다는 듯이, 하숙인 뒤를 총총걸음으로 따라갔다. 현관방에서 이 세 사람은 옷걸이에서 모자를 내리고, 지팡이 집에서 지팡이를 꺼내어 말없이 고개를 숙이고 집을 떠났다. 잠자 씨는 두 여자와 함께, 그 근거가 없다는 것이 곧 분명해지겠지만, 의심을 품고 현관으로 나왔다. 그들은 난간에 기대어 세 명의 남자가 천천히 그러나 부지런히 긴 계단을 내려가는 것을 바라보았다. 각 층에서 계단참이 굽어져서 사라지곤, 잠시 후 다시 나타나는 것도. 그들이 점점 더 아래로 갈 때마다 그들에 대한 잠자 씨 가족들의 관심도 사라져갔다. 그리고 가족들을 향해, 세 남자들 위로 자신감에 찬 정육점 종업원이 짐을 머리에 이고 올라 왔을 때, 잠자 씨와 여자들은 난간을 떠나 가벼운 마음으로 집으로 돌아왔다.

그들은 그 날은 일을 쉬고 산책을 하기로 결정했다. 그들은 이런 휴식을 할 때가 되었고 휴식이 정말 필요하기도 했다. 그렇게 그들은 식탁에 앉아서 양해를 구하는 세 통의 편지를 썼다. 잠자 씨는 매니저에게, 잠자 부인은 일감을 준 사람에게, 그레테는 상점 주인에게. 편지를 쓰는 동안 아침일이 끝나고 간다는 말을 하려고 파출부가 들어왔다. 편지를 쓰던 세 명은 쳐다보지 않고 먼저 고개를 끄덕였고, 파출부가 여전히 가지 않고 있자, 화가 나서 쳐다보았다. "뭐죠?" 잠자 씨가 물었다. 파출부는 웃으면서 문가에 서 있었다. 마치 가족에게 알려줄 아주 좋은 일이 있다는 듯이. 그렇지만 자세히 물어봐야 알려주겠다는 듯이. 파출부의 모자에 수직으로 서 있는 작은 타조 깃털은 그녀가 일하는 동안 내내 잠자 씨의 신경에 거슬렸는데, 그것은 지금 사방으로 가볍게 흩날리고 있었다. "무슨 일이 있나요?" 잠자 부인이 말했다. 파출부는 부인에게만은 어느 정도 존중하는 마음을 갖고 있었다. "네"라고 파출부가 대답했고, 기쁘게 웃으며 곧 말을 이었다. "저 옆방의 물건을 어떻게 처리할지에 대해서요. 아무 걱정 안하셔도 됩니다. 이미 처리 했어요." 잠자 씨 부인과 그레테는 다시 편지를 쓰려는 듯 몸을 굽혔다. 잠자 씨는 파출부가 모든 것을 자세히 설명하려 들자, 팔을 뻗어 단호하게 이를 막았다. 말을 못하게 하자, 파출부는 자신이 매우 바쁘다는 것을 기억해내고 기분이 상해서는 말했다. "그럼 다들 안녕히." 그리고 몸을 휙 돌리고 끔직한 소리를 내며 문을 닫고 집을 떠났다.

"저녁에 내보내자."라고 잠자 씨가 말했다. 아내와 딸로부터는 아무런 대답이 없었다. 겨우 얻은 조용함을 파출부가 다시 방해했기 때문이다. 그들은 일어서서 창가로 가서 서로 팔짱을 낀 채 서 있었다. 잠자 씨는 의자에 앉아 그들을 향해 몸을 돌리고 한참을 조용히 쳐다보았다. 그리고 소리쳤다. "이리로 와봐. 지난 일들은 제발 내버려두고. 그리고 내게도 조금만 신경을 써 다오." 곧 그 말을 따라 여자들이 아버지를 향해 달려와서 그를 쓰다듬고 재빨리 편지쓰기를 끝맺었다.

그리고 세 사람은 함께 집을 나가서 전차를 타고 근교로 나갔다. 이미 몇 달째 해보지 못한 일이다. 전차 안에는 그들뿐이었고, 따뜻한 볕이 비쳐 들어왔다. 그들은 편안하게 자리에 기대어 미래에 대한 전망에 대해 이야기를 나누었고, 미래에 대한 전망은 구체적으로 보면 그다지 나쁘지 않았다. 서로 아직 자세히 묻지 않았지만, 세 사람의 일자리가 모두 꽤 괜찮았고, 특히 나중에는 전망이 밝기 때문이었다. 현재의 상황을 호전시키려면 무엇보다도 집을 옮기면 될 것이다. 그들은 그레고르가 찾아낸 지금의 집보다 작고 더 싼 집, 그러나 위치가 좋고 실용적인 집으로 옮길 것이다. 이렇게 이야기를 나누는 동안 잠자 씨 부부는 점점 더 생기가 도는 딸을 보면서 동시에 딸의 두 뺨을 창백하게 만든 최근의 모든 힘든 일에도 불구하고 딸이 예쁘고 성숙한 소녀로 피어났구나, 하는 생각을 했다. 부부는 조용해지면서 거의 무의식적으로 시선을 주고받으며, 딸을 위해 착한 남편감을 찾을 때가 되었다는 생각을 했다. 그리고 목적지에서 딸이 먼저 일어서서 젊은 몸을 뻗었을 때, 그것은 그들에게 새로운 꿈과 좋은 계획에 대한 확신처럼 다가왔다.

프란츠 카프카의 《변신》

– 상상의 기록, 잔혹동화 같은 현실

내일이 시험이다. 잠깐 눈을 붙이고 다시 시험공부를 하려했는데, 눈을 떠보니 벌써 아침이다. 갑자기 눈앞이 캄캄해지면서 복잡한 감정들이 밀려온다. 시간을 되돌릴 수만 있다면, 아프다고 핑계를 대볼까, 아니면 또 다른 '나', 이미 완벽하게 시험 준비를 마친 다른 '내가' 학교로 가서 대신 시험을 봐주면 어떨까 하고 상상해본다.

아마도 잦은 출장여행에 지친 주인공 그레고르 잠자도 꿈속에서 이런 상상을 하지 않았을까? 그런데 이건 상상이 아니라 현실이다. 출근을 하고 싶어도 갈 수 없게 된 것이다. 뒤척이다 일어나보니 자신이 "해충" 즉, 인간과 함께 살아가지만 인간에게 해를 끼치는 그래서 인간들이 갖은 방법으로 없애버리려고 애쓰는 벌레로 변해 있는 게 아닌가. 직물 견본을 갖고 계약을 따기 위해 이리저리 출장을 다니는 그레고르 잠자의 이야기는 이렇게 시작된다. 그러나 이런 기발한, 어찌 보면 장난스런 상상은 잔인한 현실이 되면서 비극으로 끝이 난다. 독자가 원하는 그리고 아마도 그레고르가 의식 한 켠에서 원했을 행복한 결말, 그러니까 개구리 왕자가 기적처럼 다시 원래의 모습을 되찾고 오래오래 행복하게 잘살게 되는 동화적인 결말은 여기서는 일어나지 않는다. 그러나 그레고르 잠자의 이 기묘한 이야기는 카프카라는 이름을 문학사에 길이 남게 했다.

인간이 하루 밤새 벌레로 변하다니, 동화도 아니고 그것이 어떻게 가능한가. 그런데 독자들은 이러한 황당무계한 사건의 가능성에 의문을 제기하다가도 곧 카프카의 생생하고 사실적인 묘사에 빨려 들어가게 된다. 그리고 곧 잠자의 삶에 냉정한 관찰자가 된다.

이런 상상을 기록한 작가의 삶은 어떠했을까? 프란츠 카프카는 유대계 독일인으로, 1883년 합스부르크-헝가리 제국에 속하는 대도시, 프라하에서 젊은 시절 마을을 떠돌며 봇짐장수겸 직물외판원을 했던 헤르만 카프카와 양조장의 딸이었던 율리에 뢰비 사이에서 태어났다. 19세기 말 당시, 프라하는 체코인, 독일인, 유대인으로 구성되어 있었지만, "프라하 인구의 5퍼

센트에 지나지 않는 독일인들이 화려한 극장 건물 두 채, 대형 콘서트 홀, 두 개의 대학과 다섯 개의 인문계 고등학교, 아침저녁으로 발행되는 일간지 두 개, 여러 채의 대형 협회 회관을 소유하고 활발한 사회생활을 즐겼다."라고 언론인, 에곤 에르빈 키쉬(1885-1945)는 회고한다. 반면, 체코 민족주의 운동도 점차 강해져서 1891년, 그러니까 카프카의 어린 시절에 프라하에서 대다수의 독일어/체코어 공용 표지판이 완전히 사라지고 체코어 표지판이 세워졌다. 민족주의와 자유주의, 노동자와 자본가, 체코인과 독일인 간의 갈등과 반목이 공존하던 불안한 시기에 유대인인 아버지 헤르만은 사업적인 수완을 발휘하여 프라하 시내에 큰 가게를 열고, 석면공장을 소유한다. 외아들인 프란츠 카프카가 중산층으로 진입할 수 있도록 어린 시절부터 독일어 학교를 보냈고, 카프카도 아버지의 소망에 부응하기 위해 프라하 대학에서 법학을 전공한다. 학업에 곧 흥미를 잃지만, 방해받지 않고 글을 쓰기 위해 법학과를 졸업한다. 대학졸업 후에도 가업을 물려주려는 아버지에 맞서 자신만의 자유를 확보하기 위해 산재보험회사에 취직을 하고, 낮에는 일을 하고 밤에는 글을 쓰는 이중생활을 한다. 그리고 투덜거린다. 회사 출장 때문에 글쓰기가 중단되었다고. 어머니는 항상 너무 적게 먹고, 밤새 잠을 자지 않고 뭔가에 열중하는 아들의 건강을 염려한다.

《카프카와 프라하》의 저자 바겐바하는 카프카가 항상 프라하를 증오하고 그곳을 떠나려 했지만 "그의 삶은 도시의 평방 1킬로미터 이내의 공간에서 펼쳐진다."라고 정리한다. 실제로 카프카는 프라하를 떠나지도 않았고, 여행을 많이 다니지도 않았다. 그러나 그에게는 자신에게 허락된 무한한 상상의 공간이 있었다. 그래서 그의 상상은 현실을 바탕으로 한다. 1912년 "변신"을 쓰던 시기에도 프란츠 카프카는 석면공장으로 출근하라는 아버지의 명령에 갈등을 겪고 있었고, 아버지와 불화 외에도 세 명의 여동생 중 가장 가까이 지내고 항상 자신의 편을 들어주던 여동생 오틀라가 가족의 편에 서자 자신이 버림받았다는 생각을 갖게 되었던 일을 일기에 기록하고 있다. 그리고 상상과 관련해서 카프카는 우리에게 상당히 중요한 열쇠를 남긴다. 그는 상당히 소심하고 예민한 성격이었던지, 이 이야기의 출판을 결심하기까지는 상당히 주저했다고 한다. 그런데 출판업자와의 편지 왕래 중에 카프카가 가장 강조한 것은 이 단편의 삽화였다. 그리고 출판업자에게 다음과 같이 말한다.

"[…] 그 사람이 (슈타르케: 삽화가) 그림을 그린다니, 갑자기 생각났습니다. 어쩌면 곤충을 그리려 할지도 모른다는 것을. 그건. 제발 그래서는 안 됩니다. 제가 그의 권한을 제한하려는 것이 아니라, 다만 제가 당연히 그 이야기를 더 잘 알고 있기 때문에 부탁하려는 것입니다. 곤충 그 자체를 그려 넣어서는 안 됩니다. 어렴풋이 곤충을 암시하는 것조차 안 됩니다. […] 제가 삽화에 대해 조언을 해도 된다면, 저는 예를 들어 부모와 대리인이 닫혀 있는 문 앞에서 서 있거나, 아니면 차라리 캄캄한 옆방으로 향하는 문이 열려져 있고, 부모와 여동생이 불 켜진 방에 있는 장면을 고르겠습니다." (1915. 10. 25. 카프카가 출판업자 쿠르트 볼프에게 보내는 편지)

그렇게 해서 출판된 "변신"의 표지의 내용은 어느 젊은 남자가 반쯤 열린 문 앞에서 절망적으로 머리를 감싸고 있는 모습을 묘사하고 있다. 문 안 또는 문 밖에는 어둠만이 있을 뿐이다. 이 젊은 남자는 누구일까? 무엇을 보았던 것일까? 그리고 카프카는 대체 무엇을 말하려 했을까? 여기서 유추할 수 있는 것은, 작가는 벌레의 구체적인 모습을 묘사함으로써 독자의 상상력을 제한하는 것을 경계했다는 점이다. 어쩌면 변신은 눈에 보이는 그레고르의 변신뿐만 아니라, 내면적인 가족들의 변화를 말하는 것이 아닐까?

그렇다면 이 이야기를 읽는 관점은 다양해질 수 있다. 3장과 에필로그로 구성되어 있는 이야기에서 그레고르의 변신 전과 변신 후의 변화에 주목해보자. 예를 들어, 시간과 공간에 대한 묘사에도 주목할 필요가 있다. 시간은 산업사회로 특징 지워지는 현대사회와의 연결고리이고, 공간은 그레고르의 실존을 상징하기 때문이다.

화자의 시점에도 주의를 기울여 볼 필요가 있다. 그리고 간간이 등장하는 영화적인 서사기법, 즉 슬로우 모션, 줌인 등을 사용한 다소 과장되고 희화적인 장면들을 찾아보는 것도 재미가 있을 것이다. 이 이야기를 공연예술이나 시각예술로 옮긴다면? 역시나 변해버린 그레고르의 모습이 가장 난관이다. 아무래도 카프카의 조언을 참고하는 것이 좋을 듯하다.

문학이 아무리 허구라지만, 가족에 대한 (일방적인) 화해 속에서 마지막 숨을 내쉬는 그레고르의 모습과 이제야 짐을 벗었다는 듯이 즐거운 마음으로 미래를 계획하는 가족들의 모습에서 씁쓸한 미소를 지을 수밖에 없다. 이것은 상상의 기록인가? 잔혹동화 같은 현실인가?

진일상

변신

초판 1쇄 인쇄 2012년 12월 14일

초판 1쇄 발행 2012년 12월 20일

지은이 프란츠 카프카

옮긴이 진일상

편집인 신현부

발행인 모지희

발행처 부북스

주소 100-835 서울시 중구 신당2동 432-1628

전화 02-2235-6041

팩스 02-2253-6042

이메일 boobooks@naver.com

ISBN 978-89-93785-42-5 04080

ISBN 978-89-93785-07-4 (세트)